博弈

所有问题都是一场赛局

[日] 川西谕 ◎ 著
田中景 ◎ 译

ゲーム理論の思考法

浙江人民出版社

图书在版编目（CIP）数据

博弈：所有问题都是一场赛局/（日）川西谕著；田中景译. -- 杭州：浙江人民出版社，2020.5
ISBN 978-7-213-09623-5

Ⅰ.①博… Ⅱ.①川… ②田… Ⅲ.①博弈论－应用－经济学－通俗读物 Ⅳ.①F0-49

中国版本图书馆CIP数据核字（2020）第007300号

浙江省版权局著作权合同登记章
图字：11-2019-239号

ゲーム理論の思考法
GAME RIRON NO SHIKOHO
©Satoshi Kawanishi 2013
First published in Japan in 2013 by KADOKAWA CORPORATION,Tokyo.
Simplified Chinese translation rights arranged with KADOKAWA CORPORATION, Tokyo through CREEK & RIVER Co.,Ltd.

博弈：所有问题都是一场赛局

[日] 川西谕 著　田中景 译

出版发行　浙江人民出版社（杭州市体育场路347号　邮编　310006）
　　　　　市场部电话：（0571）85061682　85176516
责任编辑：徐　婷
特约编辑：赵　霞
营销编辑：陈雯怡
责任校对：戴文英
责任印务：聂绪东
封面设计：蔡小波
电脑制版：易细文化
印　　刷：唐山富达印务有限公司
开　　本：880毫米×1230毫米　1/32　　印　张：5.5
字　　数：114千字　　　　　　　　　　　插　页：2
版　　次：2020年5月第1版　　　　　　　印　次：2020年5月第1次印刷
书　　号：ISBN 978-7-213-09623-5
定　　价：48.00元

如发现印装质量问题，影响阅读，请与市场部联系调换。

前 言

学习博弈论能够让我们掌握哪些能力？对于各位读者来说，这难道不是一个会让你感兴趣的问题吗？

本书的目的就在于让你学会博弈论特有的"战略思考"。说起来，博弈论到底是什么呢？

所谓博弈论，是指分析两个或两个以上局中人的决策、行动的理论。这里所说的"局中人（或称当事人、参与人）"，不只是指人，还指企业、国家等各种各样的"决策主体"，博弈论的应用非常广泛。

为此，学习博弈论可以让你在激烈的商业竞争中胜出。博弈论不只用于"在竞争中胜出"，还有更深层次的意义和更广泛的目的。

从博弈论的角度来看，世界上出现的所有问题都可以视为"博弈"（图1）。上司与下属的人际关系、因竞争对手的出现导致自己的业绩难以提升的问题、地球环境问题、良好或恶劣的社会局面、家庭之间的纠纷等，所有事情都可以视为"博弈"。虽说是博弈，但并非将其视同

博弈：所有问题都是一场赛局

"游戏"。

正在发生的问题呈现一种什么样的结构，这一问题受什么规则支配，在考虑这些问题时，整体才可被称为"博弈"。

学习博弈论大体分为以下三个目标。

① 把握博弈的结构（问题的全貌）；

② 预测将要发生的事；

③ 找到切实的解决对策。

那么，现在就请考虑一下你的问题吧。职场的人际关系、与客户的沟通、部门的管理方法、工作上的烦恼、高超的经营战略等，你是否正在面对各种层次的问题？

在解决这些问题时，你知道最重要的事情是什么吗？

那就是要正确把握问题发生的局面（博弈）。

不把握全局，就无法找到解决对策。

如果用博弈论的观点来说，"理解博弈的结构"是最为重要的。

无论是上下级关系的问题，还是无法取得预想成果的烦恼，如果不能俯瞰全局、理解博弈的结构，就不可能找到真正的解决对策。

无论是在公事还是在私事上都感觉"不顺利"的人，大多数是因为没有找到正确的解决对策。

其根源就是没有弄懂博弈的结构。在还没理解博弈的结构的情况下，就采取自认为妥当的解决办法，结果就是不能如愿取得进展。

博弈论

分析"两个或两个以上的局中人"的决策、行动的理论

当局中人是"个人"时
- 上司和下属的人际关系
- 跟老主顾的营业关系,等等

当局中人是"企业"时
- 企业之间的竞争
- 兼并问题,等等

国家A ↔ 国家B
当局中人是"国家"时
- 地球环境问题
- 贸易谈判,等等

图1

实际上，这是很遗憾的事情，但重蹈覆辙的人又非常之多，说不定你也是其中之一。

"博弈论"对打开这一局面非常有帮助，如图2所示。

① 怎样才能解开博弈（问题）的症结，更加准确地理解所处的局面呢？

② 在这一博弈结构中，能预测出将来会出现哪种情形？

③ 改善博弈的哪个部分，问题就能得以解决？

学习博弈论能够让你冷静地看清这一流程，可以提高你解决问题的能力。

这样说大家可能会担心——难道要学习复杂的理论吗？其实大家根本不必担心。本书是让你在学习博弈论涉及的代表性案例的同时，凭借"博弈感觉"学习基础知识及合乎逻辑的思考方法。时刻不忘前面所讲的把握博弈的结构、预测将要出现的事情、找到切实的解决对策这三个目标。阅读本书，自然就能学到博弈论的思考方法。

① 这一问题呈现什么样的博弈结构？

② 紧接着将如何展开？

③ 只要改变哪一部分，问题就能迎刃而解？

我们要时常提出上述问题，试着对书中出现的多个事例及博弈展开思考。

读完本书之后，你在面对实际问题时，就会以一种与

从博弈论中学到的三种能力

❶ 正确理解局面的能力

❷ 预测下一局面（未来）的能力

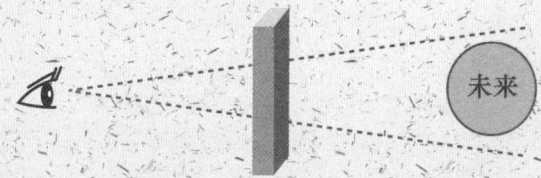

❸ 改善局面的解决问题能力

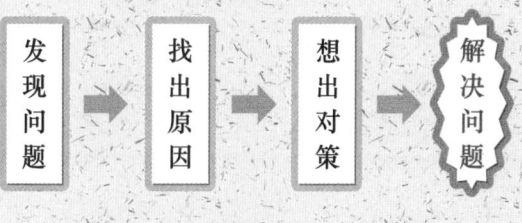

图 2

博弈：所有问题都是一场赛局

以前截然不同的做法来解决问题。

如果你学习博弈论的目的不是成为经济领域的专家，就没有必要阅读那些非常难懂的专业书籍。

通过阅读本书，你在学习博弈论的基础知识的同时，还可以学习到怎样将这些技巧灵活运用到现实生活中。重点是要时刻记着博弈论的三个目标，这样，你就能够掌握一定程度的能力了。

那么，我们来学习博弈论吧。就让我们徜徉于博弈论的世界里吧。

川西谕

目 录

第一章　用博弈论掌握"三种能力" / 1

将博弈论灵活运用到具体问题上 / 2

对所处局面进行战略梳理 / 4

上司和下属的交涉也是一盘"博弈" / 5

用博弈论预测"对方的行动" / 7

将博弈论灵活运用于商务 / 9

用战略思考守护自己的"利益" / 9

是对立，还是协调 / 12

"博弈论的三种能力"和俯瞰思考 / 15

不能取胜，就改变"规则" / 18

第二章　博弈论入门　"囚徒困境" / 21

博弈论的基础——"囚徒困境" / 22

将博弈的结构画成 2×2 表 / 22

从囚徒 A 的视角思考 / 26

把握博弈的结构 / 27

抓住博弈关键的纳什均衡 / 28

"理性的猪"博弈 / 29

找到纳什均衡 / 33

大企业 A 和乡镇企业 B 的"理性行动" / 38

离开"局中人的视角"俯瞰博弈 / 41

渔业的乱捕滥捞问题 / 43

用博弈论思考环境问题 / 46

"看不见的手"不能触及的领域 / 47

"博弈的结构"被改变 / 49

第三章　协调博弈　开创"有利市场" / 53

"大家都想采取同样的行动"的博弈结构 / 54

一旦"决定的事情"就难以改变 / 57

在"一百日元电脑"中所看出的商务策略 / 59

正确掌控"博弈的展开" / 62

流行色在两年前就已确定 / 62

所谓协调的失败 / 65

"不提问的学生"也是协调的失败 / 67

繁荣、萧条都是协调博弈 / 69

人被"习惯"支配 / 71

目 录

第四章　三个博弈　清楚利害关系的多样性 / 75

"懦夫博弈"的结构 / 76

"古巴危机"——危险的博弈 / 79

"谁都不愿做的工作"的"懦夫博弈" / 83

"便士匹配"中"不被猜出行动"是关键 / 85

警察与小偷的关系 / 87

不要把着眼点放在"个人",而要放在博弈的结构 / 92

"霍特林模型"的结构 / 93

拉面店为什么都集中在车站前 / 97

政策主张与电视节目的共同点 / 98

第五章　动态博弈　拓展"时间的视野" / 101

时间的流逝 / 102

国际象棋和黑白棋中的"展开型博弈" / 103

用"博弈树"来思考时间的流逝 / 105

"决策的顺序"在很大程度上左右博弈 / 107

用"逆推法"预想最佳行动 / 111

找出博弈的必胜方法 / 114

思考时间上的非连贯性问题 / 115

日常生活中的"吓唬" / 116

守护价值的方法 / 119

是什么在支撑新技术的研发 / 122

着眼于长期利益 / 123

重复博弈和触发策略 / 127

著名陶艺家才会采取的品牌战略 / 130

从短期聘用到长期聘用 / 131

第六章　情感＋博弈论 / 137

为什么有些人不能"理性"行事 / 138

人不能有"先见之明"吗 / 139

加价式公开叫价拍卖 / 143

为筹集资金而四处奔走的选举战 / 146

"泡沫"的发生 / 148

人会被趋势所骗 / 150

不要被操控趋势的伎俩蒙蔽 / 152

人并非只追求金钱 / 156

学习 3M 的创新战略 / 159

社会贡献基金为什么受欢迎 / 161

后记 / 163

第一章

用博弈论掌握"三种能力"

博弈：所有问题都是一场赛局

将博弈论灵活运用到具体问题上

何谓博弈论？

直截了当地说，就是把在复数主体之间产生的利害关系以博弈的形式表达出来的方法。

人、动物、公司、团体、社会等，为趋利避害的目的而行动的所有人和物都可以称为"主体"。例如，你和公司之间出现的问题也可以成为博弈论的探讨对象。"你"和"公司"这些复数主体，各自为趋利避害的目的而行动。你是为你自己（包括家人）而工作，公司为包括你在内的员工们的收入增加而运营。这正是在复数主体之间产生的利害关系。

我们周围全是这种关系。你和上司之间的矛盾、与交易伙伴及客户之间发生的纠纷等，大致都起因于"复数主体之间产生的利害关系"（图1-1）。

企业之间的问题、个人和社会之间的问题、国家之间的问题等，这些问题都是博弈论研究的对象。有的学者已经从博弈论的角度来研究全球性的环境问题，也有研究人员想用博弈论解决国际纠纷。

只要存在复数主体，在现实社会中发生的问题、课题、现象几乎都是博弈论的对象。

第一章　用博弈论掌握"三种能力"

博弈论的应用范围

在复数主体之间产生的利害关系

经济	经营
●市场竞争 ●贸易摩擦 ●金融危机	●企业并购 ●组织管理 ●劳资协议

政治	社会
●政党的合作 ●政治家和官僚 ●投票行动	●环境问题 ●家庭问题 ●城市问题

图 1-1

博弈：所有问题都是一场赛局

🎯 对所处局面进行战略梳理

博弈论诞生于1928年，是由出生于匈牙利的数学家约翰·冯·诺依曼（John von Neumann，1903—1957年）提出的，之后被推广到全世界。该理论诞生距今90多年，历史很短。与文学、哲学、数学、化学、物理学、经济学等各领域已经存在的诸多研究相比，博弈论的研究可以说是最近才开始的。

现在，要想在欧美国家获得工商管理硕士（MBA）学位，必须学习博弈论；在日本也有众多商界人士在学习这一理论，并将其灵活运用到工作中。虽然我的专业是经济学，但是，全世界的经济学者都认为，要想理解现在的经济活动，博弈论是必不可少的工具。对此，我是认可的。

诞生尚不满100年的"年轻学问"为什么普及得如此迅速，引发全世界的重视呢？其理由之一就是，博弈论的对象非常广泛。

如上所述，博弈论几乎能够应用于所有场面。现在，你正在面临的问题也可以成为博弈论的对象。

另外一个理由就是，博弈论可以以非常简单的形式叙述问题。

世界上发生的问题大多都是比较复杂的。其中，既有一看就明白其复杂程度的问题，也有乍一看很容易，但实际上各种因素盘根错节，导致其十分复杂的问题。

无论怎样，只要把握全局并进行梳理，问题的本质就会清晰地浮现出来。我们就会加深对问题的理解，也就容易找到有效的解决对策。你正在面对的问题也绝不例外。

只要掌握正确的技巧，俯瞰全局，就能搞懂问题的结构。

上司和下属的交涉也是一盘"博弈"

日语中的"ゲーム"也许会给人一种"游戏""体育比赛"的印象，但其实，博弈论要比这些广泛得多。

事情发生的局面称为博弈，理解其结构是博弈论的重要目的之一。梳理各个主体应该做出的选择，从理论上分析将采取怎样的行动。

例如，对自己的待遇不满，你正在犹豫是和上司交涉，还是忍耐下去。（图1-2）

这一局面就可以视为"博弈"。

在这一博弈中，你必须在"为提高自己的利益而交涉"和"忍耐下去"两者之间做出选择。

如果经过交涉，你的待遇得以提高，当然，你会得到利益。但是，如果因为此次交涉而与上司的关系恶化、工作难以开展，你就会蒙受损失。也许会被打发到待遇更差的岗位，这样就适得其反了。

博弈论和战略思考

● 案例

假设对自己待遇不满意的你正在犹豫是与上司交涉还是忍耐下去。

你

❶ 提出改善待遇的要求

❷ 忍耐

上司

❶ 接受

❷ 拒绝

考虑对方的态度,做出客观的、符合逻辑的判断。

图 1-2

大多数人都在这一阶段就陷入深深的烦恼中。"该怎么办呢?"整日只顾长吁短叹,"不干会后悔,干了也会后悔",在这种情况下,也许你可以鼓起勇气进行实践。

这一行动是好还是坏,他人不能简单地做出判断。

但是,我想从逻辑的层面验证一下这些人的行动。我们来思考其可能做出的选择,理解整个博弈的结构。

用博弈论预测"对方的行动"

只关注自己的事情就不可能理解整个博弈的结构。你想维护自己的利益,但上司也在考虑同样的事情。如果不同时考虑这两者的想法,就不能把握博弈全局。

上司得知你想改善待遇时,既可能接受也可能拒绝。如果你的要求被接受,你就有了干劲,但是,也会付出相应的代价。另一方面,如果你的要求被拒绝,虽然能够避免付出代价,但是,你的工作干劲会下降,甚至会辞职。

梳理一下各自的选择:

你→①提出改善待遇。

②忍耐。

上司→①接受。

②拒绝。

博弈：所有问题都是一场赛局

具体的梳理方法留待下一章再做详细说明。总之，用博弈论可以验证每个人（参与博弈的主体）有怎样的选择、每个选择可能会得出何种结果。

验证结果：如果你知道上司会"接受"这一选择的话，你就会毫不犹豫地提出改善待遇的要求；反过来，如果知道上司会"拒绝"，那么，毫无疑问，你应该选择"忍耐"。如果知道对方的选择，自己就会明白最应该采取的行动，博弈论就是这样一种架构。

当然，在实际情况中，还会有其他的选择可以考虑。

设想上司拒绝的理由，你可以"拿出让其理由不成立的证据"或者"提出其他的折中条件"等。"假如我取得××以上的成果，那么就请给我××的待遇"，这样达成协定也是一种方法。

即使不能马上改善待遇，但如果你已经下定决心要改善，这也是很大的进步，你工作的干劲也会更足。只有梳理问题、理解博弈的结构，才能得出最佳的解决方案。而且能提高思考的质量，有助于更好地做出判断。

如果不知道博弈论，可能就会以狭隘的视野，做出感情用事的决断。你也可能不能正确把握自己所处的局面，草率行事。无论如何，做出最佳判断的可能性很小。

即使面对"跟上司讲还是不讲"这种琐事，学没学过博弈论都会产生巨大的差距。

🎯 将博弈论灵活运用于商务

对博弈论有一定程度的理解的人，会在采取突发性行动之前，斟酌自己和对方的选择，想着要把握博弈的结构。这一冷静且合乎逻辑的习惯，在诸多商务场景中都会发挥作用。

除了上下级的这种个人关系之外，博弈论在很多场合都能发挥作用。局面越复杂，梳理问题、把握博弈的整体结构这一能力就显得越发重要。咨询顾问常常聚在一起学习博弈论正是出于这一目的。咨询顾问的工作就是针对客户的问题，给出妥善的解决对策。对于他们来说，使用博弈论是再自然不过的事情。博弈论是正确把握发生问题的结构、找出有效解决对策的出色工具。

当然，博弈论对于其他行业也能发挥很大作用。财务、人事、经营、策划等各行业的人都能灵活运用博弈论。这是因为，无论哪个场景都有共同之处，都存在"复数主体"，这些主体都在为各自的利益而行动。所以，博弈论才引起商务人士的高度关注。学习并掌握博弈论，对每一位商务人士来说都是不可或缺的技能。

🎯 用战略思考守护自己的"利益"

一说起博弈论，很多人会觉得这是以"战胜对手"为目的的战略论。的确，只要有复数主体的存在，在大多数情况下都会有某方胜利的问题。在"自己VS对手"这一博弈结构中，战胜对手才是重要目的。

作为博弈论的著名入门书，由阿维纳什·迪克西特（Avinash Dixit）和拜瑞·内勒巴夫（Barry J. Nalebuff）合著的《战略性思考：商业、政治与日常生活的竞争优势》（*Thinking Strategically: The Competitive Edge in Business*）的开头，就写着"所谓战略性思考，是指已经清楚对手想要抢在自己前面的情况下，自己再抢在对手前面的技术"。

本书在讲述博弈论的基础时，也多次站在"怎样战胜对手""如何守护自己的利益"的立场上思考。但是，我认为，所谓实际的更加合乎现实社会的博弈论，绝不只是单纯地以"战胜对手"为目的，而且教给我们如何超越狡猾的对手，成为"理性的笨蛋"。

我们应该这样灵活运用博弈论：不只局限于"超越对手"这一狭隘的意义，如何把僵化的组织搞活才是对彼此来说更好的选择。在各自利益和目的各不相同的复杂关系中，如何构建"双赢"关系才是真正值得我们去思考的。

通过协调找到对彼此来说都更好的选择，也是博弈论的重要目的之一。

例如，地球的环境问题（图1-3）。要想保护地球环境，必须限制二氧化碳的排放。当然，与自由排放相比，这会增加

用博弈论思考环境问题

● 案例

为了保护地球环境，要对二氧化碳的排放量进行限制。当然，无论在技术还是成本方面都会增加排放者的负担。

某国任性地宣布"我国不限制二氧化碳的排放"，以此保护本国产业。 → 或许能开展更利于自己国家的经济活动，但终究会被世界其他国家孤立。

摒弃某个国家是受损还是获益这一思维，开展协调工作。 → 通过协商制定并遵守关于排放量的规则。

应用博弈论，就能够找到这些具有现实意义的解决对策。

图 1-3

排放者在技术或成本方面的负担。但是，竟然有国家任性地宣布"我国不限制二氧化碳的排放"，以此来保护本国产业的发展。

这虽然有利于本国经济的发展，从这一意义上来说，该国算是"战胜对手"。但如果继续这样下去，其终将被世界其他国家孤立。地球环境受损，对于哪个国家来说都是灾难。把地球环境问题视为一盘大的博弈的话，梳理一下全局，你就会明白，这不是"哪一方胜利"就能解决的博弈结构。

不仅限于地球环境问题，经济运行状况及就业问题、职场的工作效率问题，家庭、夫妻问题等，许多问题只有通过协调才能解决。

是对立，还是协调

在与同行业其他公司相互竞争的过程中，为守护自己公司的利益，理所当然地要对信息采取保密措施。但是，也应该考虑到，如果过度保密、持续竞争的话将导致双方都受损。

为了获得市场份额而持续开展激烈的价格战，结果只能是双方的利益都受损。由于同行业的 A 公司和 B 公司各自销售的商品之间没有互换性，用户的整体数量就不会增加。如果能搞清楚各自企业所处的立场、市场的状况，就会发现，协调合

第一章　用博弈论掌握"三种能力"

作比彼此对立更能给双方带来利益。这就是前文所提到的博弈结构。

实际上，也有很多原本是对立关系，从某一时期开始转向协调关系的事例。

Windows 和 MAC（Media Access Control）系统之间、各手机厂家之间围绕市场份额的争夺，就是典型的案例（图 1-4）。

在 20 世纪 90 年代，用 Windows 制成的文档无法用 MAC 打开。由于两者缺乏兼容性，要想顺利兼容必须使用同一个操作系统。但是，这样一来，电脑的便捷性就会大大降低，从结果来看，无论对微软还是对苹果都是不利的。

为此，微软让其 Office 具有了兼容性，用 Windows 制作的文档也能在 MAC 上使用。另一方面，苹果也让 ipod 适用于 Windows，手机音乐运营商因此获得了爆炸性的市场份额。假如 ipod 只能适用于 MAC 的话，其用户绝对不可能出现如此大规模的增长。

与上述事例不同，有时也有双方竞争到底，直到一方被淘汰出局的情形。这种战略是即便暂时忽略利润也要争夺市场份额。

这一战略正确与否姑且不论。VHS 和 β 之战就非常有名。20 世纪 80 年代，家用录像机开始普及，各种规格的家用录像机展开了激烈的竞争。虽然 VHS 胜出了，但是，每当这一领域有技术进步，就会重复上演争夺市场份额的"战争"。人们对

13

博弈：所有问题都是一场赛局

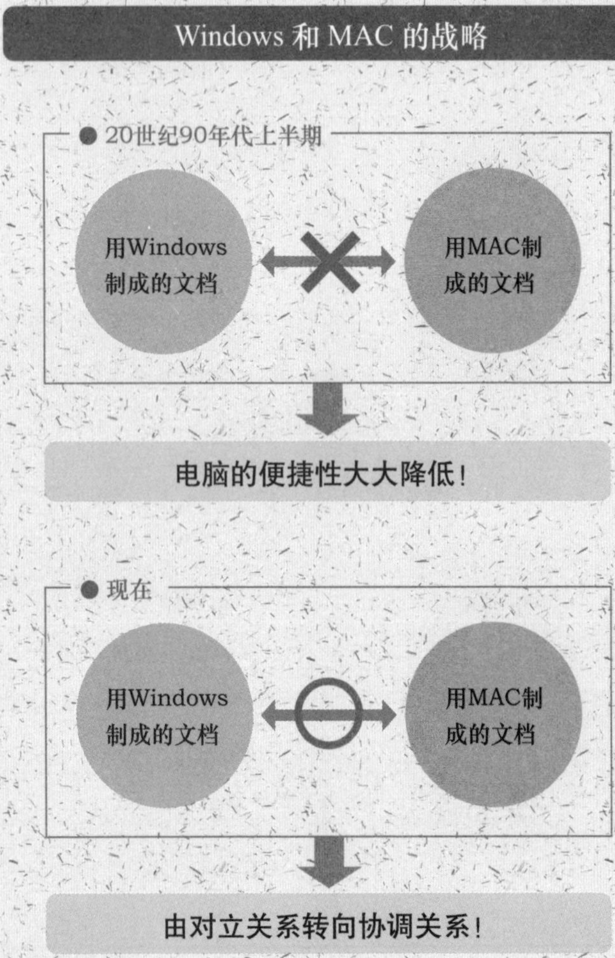

Windows 和 MAC 的战略

● 20世纪90年代上半期

用Windows制成的文档 ✗ 用MAC制成的文档

⬇

电脑的便捷性大大降低！

● 现在

用Windows制成的文档 ⊖ 用MAC制成的文档

⬇

由对立关系转向协调关系！

图 1-4

蓝光光碟和 HD DVD 之间的激烈竞争应该还记忆犹新。2008年 2 月，东芝决定从 HD DVD 领域撤出，"蓝光"取得胜利，一时间，这一事件成为人们热议的话题。

"博弈论的三种能力"和俯瞰思考

"是继续战斗，还是撤退""是继续对立，还是转向协调路线"，这是企业不得不做的艰难决断，企业必须慎重考虑"对自己真正有好处的举措是什么"。

这时，博弈论就能派上大用场。

本来，博弈论就是把所有事物看成是由"参加博弈的局中人"和"支配博弈的规则"构成的。局中人无论是人、公司还是国家，只要有两个或两个以上的局中人参加，博弈就能成立。如果是自己面对的问题，那么局中人就是"自己和对方"这一结构。

局中人是谁、博弈由什么样的规则支配，这是博弈论基本的思考方法。由这一构想可以看清博弈的全貌（正在出现的局面）。

人往往都不能采取对自己来说最优的选择。其最主要的原因就在于自己是局中人，因此，视野也会变得狭隘。

无论是足球还是橄榄球，最佳的观察角度是从上空俯瞰。

博弈：所有问题都是一场赛局

而奋力拼杀的球员很难环视整个球场。

与此完全相同的事情可能出现在几乎所有的场面。

参加博弈的局中人往往倾向于从自己的视野范围考虑问题。考虑对方的想法和行动、博弈是在什么样的规则支配下成立的，等等，把握整个博弈的结构绝非易事。

为此，即使是确定对自己有利的行动，实际上也很可能出现意料之外的损失，完全没有注意到有比现在的行动益处更多的选择。

足球运动员经常无法把球传到最佳位置也是同样的道理。摄像机从上空俯瞰拍摄，我们坐在电视机前就能明白"向右长传"是最佳的，但是，球场上的球员却无法明白。

博弈论给我们提供了从上空俯瞰的眼睛（图1-5）。看清博弈的结构就能做出最佳的选择，也能立刻明白局中人的行动"对双方来说都不是最佳"。但是，人（企业、地区、国家）往往都令人惊讶地选择"对双方都不是最佳的行动"。

可能有人会想，如果知道那时的局面，"采取最佳选择就好"，但是，事情有时候并非那么简单。有时，采取"并非最佳的行动"是有理由的。

博弈论的基本思考方法

在没利用博弈论的时候

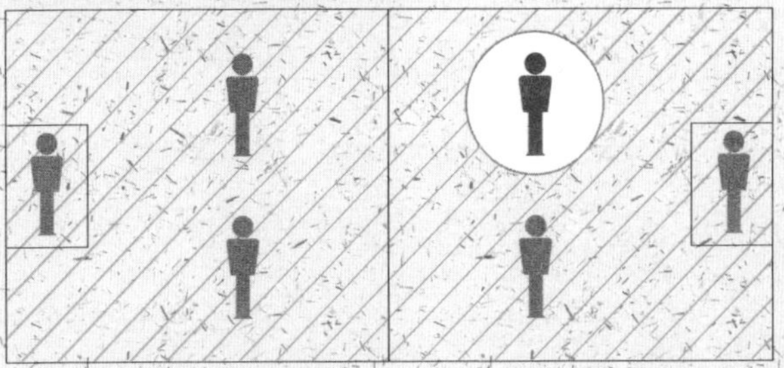

→ 只考虑视野范围之内（自己的视线所及）的事物

灵活运用了博弈论时

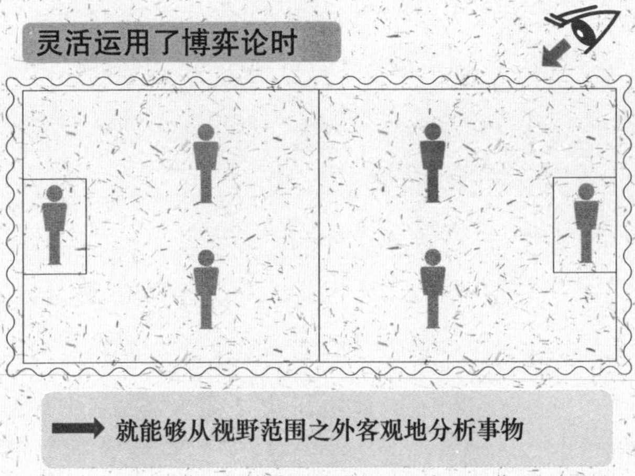

→ 就能够从视野范围之外客观地分析事物

图 1-5

博弈：所有问题都是一场赛局

🎯 不能取胜，就改变"规则"

要想保护地球环境，就要减少二氧化碳的排放量，虽然人人都明白这一道理，但是假如每个国家或企业都把自己的利益放在优先位置，大量排放二氧化碳，一味开展各自的经济事业，从长期来看各方都将蒙受损失。但是马上改变也绝非易事。为什么会这样呢？因为出现了"排放二氧化碳＝发展经济"这一博弈结构。要想减少二氧化碳的排放量，必须进行相应的设备投资。正因为眼前有经济方面的好处，所以就很难将目光转向长期利益。

对于解决地球环境问题，许多人都在努力"改变人们的意识"，所以激发人们的积极性和主动性的活动是很重要的。但是，我认为还有其他更合适的做法，那就是改变"排放二氧化碳＝发展经济"这一博弈结构。

也就是说，要改变支配博弈的规则。

例如，对那些排放二氧化碳较多的国家或企业处以经济方面的惩罚，对于排放量较少的国家或企业采取优惠政策，这一做法至少改变了"排放二氧化碳＝发展经济"这一博弈结构。碳税及排放权的相关制度正是出于这一构想而确立的。

局限于狭隘的视野、只盯着眼前的利益是不可能想出这些对策的。

像地球环境这样的问题还有很多，只有世界各国步调一致、共同努力才可能解决问题。

很多人因为身边的问题而烦恼不已，虽然是身边的问题，但也并不那么容易解决。与上司的关系、工作上的纠葛等，虽说是身边的小事，但为此苦恼的人也不在少数。

我认为，这些人更应该沉下心来认真学习博弈论。

关注局中人和规则，把握整个博弈的结构，就能找到妥善的解决对策。

第 二 章
博弈论入门 "囚徒困境"

博弈：所有问题都是一场赛局

博弈论的基础——"囚徒困境"

要学习博弈论，应该先了解"囚徒困境"这一博弈结构。这是非常有名且极具代表性的博弈之一。

在一起盗窃案件中，两名嫌疑人被逮捕了，即囚徒A和囚徒B。但是，要想判决两人有罪又证据不足，为此，警察将两人分别关在不同的囚室，并向A和B提出了相同的交换条件：

① 假如你招供了，但你的同伙沉默，那么你将无罪释放，你的同伙将被判3年有期徒刑。

② 假如你沉默而你的同伙招供了，那么你将被判3年有期徒刑，同伙无罪释放。

③ 假如你和同伙都招供了，那么两人都被判2年有期徒刑。

④ 假如你和同伙都沉默，那么两人都判1年有期徒刑。

将博弈的结构画成 2×2 表

我们来分析两个囚徒的利害关系，首先，将可能出现的所有情形归纳为图 2-1。"囚徒困境"博弈中有囚徒 A 和囚徒 B 两个局中人,各自有两种选择(沉默和招供),可能出现的事态共有四种(2×2=4)。

写有数字的四个格,对应可能出现的四种事态。上面那一行代表囚徒 A 沉默的情形,下面那一行代表囚徒 A 招供的情形。与此对应,左右两列是根据 B 的选择来划分的(左边为沉默,右边为招供)。囚徒 A 选择了"招供"、囚徒 B 选择了"沉默"时,就对应图表中左下方的格子。

这张表的特征就是每一个格里都写有两个数字。左边的数字(黑色)表示囚徒 A 的利益,右边的数字(红色)表示囚徒 B 的利益。用数字表示利益,这样一来,对于两个囚徒来说,哪种局面更好就一目了然了。在博弈论的分析里,这个阶段是最重要的。

站在自己或者对方的立场,用数字来恰当地表示利害得失。即使不能正确地理解数字也不必担心,只要能清楚地将整个事态的优劣标明即可。

徒刑年数因出现的事态的不同而不同。对于囚徒来说,被判刑的年数当然越少越好。所以,表格中无罪的场合用"0"表示,用"-1""-2""-3"来表示判刑的年数。

至此,都是为了正确理解博弈的结构。

将"囚徒困境"用2×2表来表示

囚徒B(选择"招供"还是"沉默")

囚徒A
(选择招供还是沉默)

	沉默	招供
沉默	−1, −1	−3, 0
招供	0, −3	−2, −2

左侧是囚徒A的局面　右侧是囚徒B的局面

假如,囚徒A选择了"招供",囚徒B选择了"沉默"……

囚徒B

囚徒A

	沉默	招供
沉默	−1, −1	−3, 0
招供	**0, −3**	−2, −2

囚徒A无罪(0)

囚徒B被判处3年有期徒刑(−3)

图 2-1

如果不懂得博弈论，很可能难以把握选择"招供"或"沉默"之后出现的情况。但是，利用博弈论就可以俯瞰整个结构，包括对方的立场，并考虑到这四种情况。

在博弈论中，按照这样的步骤把握博弈的整个结构，是非常重要的。

那么，假如你是囚徒 A，你会采取怎样的行动？

你有可能会因为不清楚对方的行动，无法前进。但是，如果懂得博弈论，就无须犹豫，直接进入下一步思考，根据对方的态度采取最佳行动。

博弈：所有问题都是一场赛局

从囚徒 A 的视角思考

从囚徒 A 的视角思考博弈

囚徒B招供的情形

❶ 囚徒A招供 ➡ 2年有期徒刑

❷ 囚徒A沉默 ➡ 3年有期徒刑

➡ 囚徒A应该采取的行动是"招供"

囚徒B沉默的情形

❶ 囚徒A招供 ➡ 无罪

❷ 囚徒A沉默 ➡ 1年有期徒刑

➡ 囚徒A应该采取的行动是"招供"

无论哪种情形，囚徒A应该采取的行动都是"招供"。

图 2-2

① 囚徒 B 招供的情形

在囚徒 B 招供的情况下，囚徒 A 也招供的话，就是"2 年有期徒刑"（–2）；如果囚徒 A 选择沉默的话，结果是"3 年有期徒刑"（–3）。

"2 年有期徒刑"和"3 年有期徒刑"相比，囚徒 A 会毫不犹豫地选择招供"2 年有期徒刑"（–2）。如果对方（囚徒 B）招供，囚徒 A 应该采取的行动是"招供"。

② 囚徒 B 沉默的情形

设想一下囚徒 B 沉默的情况。囚徒 A 选择招供的话就是"无罪"（0），选择沉默的话就是"1 年有期徒刑"（–1）。

即使在这种情形之下，囚徒 A 也应该招供。因为招供的结果是无罪，沉默的结果是 1 年有期徒刑，所以，囚徒 A 没有选择的余地。

把握博弈的结构

也就是说，无论囚徒 B 招供还是沉默，从结局来看，囚徒 A 都是招供为佳，这大家应该很清楚了。

站在囚徒 B 的立场上也同样如此。无论囚徒 A 采取了什么样的行动，囚徒 B 都是招供为佳。

通过以上的推断，利用博弈论设想囚徒 A 和囚徒 B 的行动,就会想到"互相都会招供"。

这就是有名的"囚徒困境"博弈。

首先,要养成从逻辑上来思考并把握博弈的结构的习惯。囚徒 A 和囚徒 B 这两个局中人,要考虑受什么样的规则支配,并采取行动,或预测对方的行动。这就是博弈论的基本立足点。

如果仅从自己的立场考虑,就不可能正确把握博弈的结构。也要认真思考对方的想法及行动,并对照规则进行思考。

抓住博弈关键的纳什均衡

首先,把所处的局面以博弈的方式写下来(例如,以 2×2 表表现出来),然后,思考"会出现什么情况"。也就是预测每个局中人会采取怎样的行动,会出现怎样的事态。

要想得到答案,最重要的线索就是纳什均衡。

所谓纳什均衡,简而言之,就是互相根据对方的战略而采取最佳行动的状态。以"囚徒困境"为例,互相都"招供"的状态就是纳什均衡。

它是由诺贝尔经济学奖得主、美国数学家约翰·福布斯·纳什(John Forbes Nash)提出的,所以被命名为"纳什均衡"。说句题外话,电影《美丽心灵》(*A Beautiful Mind*)就是以他波澜壮阔的人生而改编的杰作。

学者们常会这样思考：如果给出一个博弈结构，那就要选择其中的纳什均衡。如果不是纳什均衡的状态，就说明"有人采取了并非最佳的行动"，所以，该状态不能长期保持。如果稳定在某种状态就会考虑根据对方的战略，双方都选择最佳行动的状态（纳什均衡）。"如果是'囚徒困境'博弈，互相都会招供"，这是因为都招供是这一博弈中唯一的纳什均衡。

利用博弈论思考纳什均衡处于什么程度是非常重要的。如果明白了纳什均衡，就能够在某种程度上预测接下来会出现的事态。例如，可以推测囚徒 A 和囚徒 B 都会招供。当然，预测的内容并不一定 100% 准确，但那确实是最妥当的选择，这是毫无疑问的。

为了尽快熟悉博弈论，我们再来思考一下其他的博弈。

"理性的猪"博弈

请看图 2-3。在这个博弈中，有大、小两头猪，每头猪都有两种选择，所以，就形成了四种组合。

所谓"理性的猪"

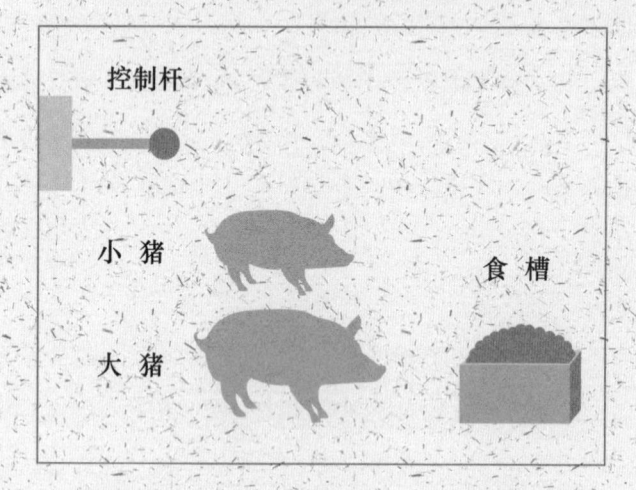

在猪圈里有两头猪,分别是大猪和小猪。

在猪圈里有这样一个系统:右侧放置食槽,左侧安装控制杆。每次左侧控制杆抬起,就会有食物被投入右侧的食槽里。

小猪虽然跑得快,但是如果大猪先到达食槽就会把食物吃光,小猪吃不到食物。

大、小两头猪各自都有"抬控制杆"和"在食槽旁边等"这两种选择。

那么两头猪将各自采取怎样的行动呢?

图 2-3

① 小猪去抬控制杆，大猪在食槽旁边等待。

这种情况下，所有的食物都会被大猪吃掉。大猪的满足度为"5"，小猪的满足度为"-1"。小猪特意跑到左侧抬起控制杆，付出了劳动却没有吃到一点儿食物，所以它的满足度为负值。

② 小猪在食槽旁边等待，大猪去抬控制杆。

这种情况下，在食物被投入食槽之后、大猪赶到食槽之前这段时间，小猪能够吃到食物。大猪气喘吁吁地跑到食槽处把小猪轰走，自己吃掉剩下的食物。小猪的满足度为"2"，大猪的满足度为"3"。

③ 小猪、大猪都在食槽旁边等待。

这种情况下，没有食物被投入。虽然没有付出抬起控制杆这一劳动（负数），但也没有得到回报，所以，双方的满足度为"0"。

④ 小猪、大猪都去抬控制杆，然后都跑向食槽。

这种情况下，小猪抢先到达食槽，能够吃到小部分食物。但是，大猪随后赶到，吃掉剩下的大部分食物。所以，小猪的满足度为"1"，大猪为"4"。

那么，根据上述信息，画出 2×2 表，如图 2-4。如果能够画出 2×2 表，就请进入下一阶段。

把"理性的猪"画成 2×2 表

❶ 小猪去抬控制杆,大猪在食槽处等待
  小猪—— −1   大猪—— 5

❷ 小猪在食槽处等待,大猪去抬控制杆
  小猪—— 2   大猪—— 3

❸ 小猪、大猪都在食槽处等待
  小猪—— 0   大猪—— 0

❹ 小猪、大猪都去抬控制杆,然后都跑向食槽
  小猪—— 1   大猪—— 4

大猪

小猪 \ 大猪	抬	等
抬	1, 4	−1, 5
等	2, 3	0, 0

图 2-4

🎯 找到纳什均衡

你能够预测出"理性的猪"这一博弈出现的结果吗？虽然博弈论把纳什均衡当作预测时的首选，但只要把圆圈记号画在表格里的数字上，就很容易找到纳什均衡。请根据下面的规则画上圆圈记号。

根据对方的态度用圆圈圈住最大利益的数字，如图2-5所示。

站在小猪的立场来考虑。设定大猪去抬控制杆，小猪也去抬控制杆的话得到的满足度为"1"，在食槽旁等待的满足度为"2"。

"2"比"1"利益大，所以把表中的"2"用圆圈记号圈住。也就是说，如果大猪去抬控制杆，小猪还是选择在食槽旁等待为佳。

若大猪选择在食槽旁等待时，小猪去抬控制杆的满足度为"-1"，在食槽旁等待的满足度为"0"。

"0"比"-1"利益大，所以，把表中的"0"用圆圈记号圈住。即使在大猪偷懒选择等待的情况下，小猪还是选择在食槽旁等待为好。虽然得不到满足度，但至少可以避免负数。也就是说，对于小猪来说，无论大猪采取什么行动，在食槽旁等待都是最妥当的选择。

接着，我们站在大猪的立场来考虑一下。

博弈：所有问题都是一场赛局

针对对方的行动用圆圈圈住最大利益

站在小猪的立场来考虑

● 大猪选择"抬控制杆"

	大猪抬	大猪等
小猪 抬	1, 4	−1, 5
小猪 等	②, 3	0, 0

小猪选择"等待"是理性的

● 大猪选择"等待"

	大猪抬	大猪等
小猪 抬	1, 4	−1, 5
小猪 等	2, 3	⓪, 0

小猪选择"等待"是理性的

站在大猪的立场来考虑

● 小猪选择"抬控制杆"

	大猪抬	大猪等
小猪 抬	1, 4	−1, ⑤
小猪 等	2, 3	0, 0

大猪选择"等待"是理性的

● 小猪选择"等待"

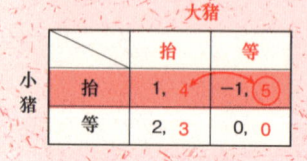

	大猪抬	大猪等
小猪 抬	1, 4	−1, 5
小猪 等	2, ③	0, 0

大猪选择"抬控制杆"是理性的

↓ 归纳起来

	大猪抬	大猪等
小猪 抬	1, 4	−1, ⑤
小猪 等	②, ③	⓪, 0

小猪选择"等待"、大猪选择"抬控制杆"达到纳什均衡！

图 2-5

第二章 博弈论入门 "囚徒困境"

如果小猪去抬控制杆，大猪也去抬控制杆的满足度为"4"，大猪在食槽旁等待，满足度为"5"。

"等待"的利益"5"要比"抬控制杆"的利益"4"大，因此，把图表中的"5"用圆圈记号圈住。

如果小猪选择在食槽旁边等待，大猪去抬控制杆的满足度为"3"，在食槽旁边等待的满足度为"0"。

大猪去抬控制杆会得到较高的满足度——"3"要好过"0"，所以，用圆圈记号把表中的"3"圈住。虽然眼睁睁地看着部分食物被在食槽旁等待的小猪吃掉，但是与都在食槽旁边比忍耐度相比要好得多。这样画上圆圈记号就完成了。下面就请找出表格里两个数字都被圆圈圈住的那个格子。

左下方的单元格里（小猪"等"、大猪"抬"）的两个数字"2"和"3"都标上了圆圈记号，这就是纳什均衡。

也就是说，"小猪在食槽旁边等待，大猪去抬控制杆"这一组合，是最有可能出现的情形。从满足度的数值来看，小猪是"2"，大猪是"3"。

如果了解博弈论，在这两头猪采取实际行动之前，你就能够预测到这一结果。实际上，从逻辑上来看，这一想法也是很有说服力的。

为了加深对纳什均衡的理解，我们做几个练习题吧。图2-6是将在本书中出现的四个典型博弈用的2×2表表示出来的。请用画圈的方法，分别找出这四个博弈的纳什均衡。

35

提示：纳什均衡不止一个。

如果把这里给出的"理性的猪"的博弈单纯地当作猪的事情来看待的话，就不可能把博弈论灵活运用到商务活动中并发挥其作用。无论是什么样的知识或技巧，如果不思考如何将其灵活运用到实际场景中，就不会创造出真正的价值。

例如，以何种形式将"理性的猪"博弈灵活运用到商务活动中呢？请在你的头脑中想象以下的情形。

找出纳什均衡的练习题

Q1 囚徒困境

囚徒B

囚徒A \	沉默	招供
沉默	−1, −1	−3, 0
招供	0, −3	−2, −2

答案在第42页

Q2 协调博弈

A的朋友

A \	β	VHS
β	8, 8	4, 3
VHS	3, 4	7, 7

答案在第56页

Q3 懦夫博弈

B

A \	先下	不下
先下	0, 0	−5, 5
不下	5, −5	−20, −20

答案在第77页

Q4 便士匹配

答题方

出题方 \	正面	背面
正面	−1, 1	1, −1
背面	1, −1	−1, 1

答案在第86页

图 2-6

博弈：所有问题都是一场赛局

大企业 A 和乡镇企业 B 的"理性行动"

一家大型企业 A 和一家乡镇企业 B 生产相同的商品。销售渠道也基本都是互联网，各自利用自己的网站主页接受订单。

但是，某地区由于没建好互联网（基础设施不够完善），所以，商品完全无法在这片地区销售。A 公司拥有完善互联网设施的财力，而 B 公司则不具备如此财力。

那么，A 公司将采取什么战略呢？

本案例虽然并非与"理性的猪"完全相同，但可以说是相似的。

B 公司完善互联网设施的可能性为零，至少从经济上来看完全不可能。

A 公司虽然有那个财力，但是它会预想到如果将该地区的互联网设施建好的话，B 公司也会接到订单。虽说 B 只是一家小小的乡镇企业，但毕竟是竞争对手，A 公司也不想为此花费成本。但是，如果基础设施不完善的话，得到的利益就是零。作为 A 公司，即使眼睁睁地看着 B 公司捞到好处，但也还是进行基础设施投资以获取利益为好。在互联网建好之后，A 公司会更加"健壮"，可以以价格竞争等策略来对付 B 公司。

第二章 博弈论入门 "囚徒困境"

如果将在"理性的猪"博弈中学到的知识运用到这里的话，A 公司出面完善基础设施就是英明之举。

当然，从实际上来看还可以有更多的选择。例如，A 公司可以采取主动向 B 公司提出共同出资修建基础设施这一方法。

从 A、B 两公司的实力来看，均摊修建基础设施的成本这一条件是过于苛刻了。但若向 B 公司提出让其在获得利益的范围之内出资的话，也许双方就能达成较好的协议。这是在思考局中人的行动、正确理解博弈的结构之后才想出来的第三种解决对策。利用博弈论充分地验证对方可能采取的行动很有必要。因此，也要站在 B 公司的立场认真地思考。B 公司也有可能完全接受 A 公司的共同出资的提案。对于 B 公司来说，在其可能的范围内的出资可以获取新的市场，这并不是一件坏事。

但若正确地理解了"博弈的结构"，就会得出不同的想法。

从"理性的猪"博弈中也能明白，即使 B 公司保持沉默，A 公司也会修建基础设施。所以，B 公司有可能会认为没有必要接受共同出资的提案。对于 B 公司来说，由 A 公司全额出资修建基础设施是最好的局面。如果从博弈的结构来推理，这一可能性也是存在的。

B 公司到底是应该接受共同出资的建议还是应该否决呢？如果你是 B 公司的经营者，你会做出怎样的判断呢？既然已经知道"理性的猪"的博弈结构，你也许会做出"拒绝共同出资的提议"的决断。

不过，如果稍微动一下脑筋，你就可以想到，在基础设施修建结束之后，A公司很可能会打价格战。与其排除协调路线展开对两家公司都没有好处的消耗战，不如共同出资。但是，要签署一个在之后的商业活动中对自己公司（B公司）有利的协议，这也是一种策略。

从前文所述的Windows和MAC系统从敌对转为协调那样，把眼光放得长远一些，再进行判断。

理解各种各样的博弈结构，对接下来发生的事态做出预测，这样才能有准确的判断。

实力弱小的B公司为修建基础设施是出钱，还是不出钱？

如果只盯着钱，可能会做出不出钱的决定。

但是，在深刻理解博弈结构并慎重预测未来的话，就会找出不同的解决对策。这正与博弈论的三个目标相一致。

在这个例子中，可能难以断定哪种战略更有效。但是，A公司、B公司各自的领导决策层是否理解博弈结构，无疑会对采取何种交涉策略产生重大影响。无论是为了在与对手的竞争中抢占先机，还是为了都享受最大的利益，博弈论的思考方法都是必不可少的。

所以，不要单纯地把博弈论当作知识来看待，还要充分运用于生活、工作中。将博弈论与商业活动结合起来，你就会发现它越来越有趣，能应用的领域也越来越广。

第二章　博弈论入门　"囚徒困境"

🎯 离开"局中人的视角"俯瞰博弈

通过"囚徒困境"和"理性的猪"的博弈，你已经对梳理局面的方法、找到纳什均衡的方法等博弈论的基础有所了解了吧？

在此，我想针对为什么被称为"困境"的那部分，再次验证"囚徒困境"呈现的博弈结构（图2-7）。如果你是观察力敏锐的人，通过"囚徒困境"的2×2表，是否已经看出其中的奥秘了呢？

"囚徒困境"中，两者都选择"招供"的局面成为唯一的纳什均衡。通过画圆圈，如图2-7，你就能够确定只有右下方的单元格成为纳什均衡。

但是，如果俯瞰整个博弈，你就会发现这一选择对于双方并非都是最好的。囚徒A和囚徒B双方都招供的话，两人都被判2年徒刑，但是，如果都沉默的话仅判1年。

囚徒A/B都招供→2年徒刑

囚徒A/B都沉默→1年徒刑

尽管有对双方来说都更有利的选择，但双方却选择不了。这一结构就是困境。

你现在是不是觉得"招供"的两个囚徒很愚蠢？

41

何谓"囚徒困境"中的"困境"

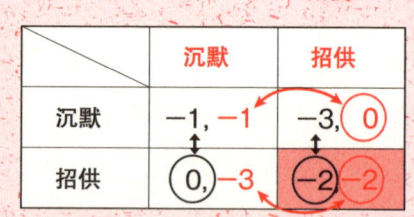

	囚徒B 沉默	囚徒B 招供
囚徒A 沉默	−1, −1	−3, 0
囚徒A 招供	0, −3	−2, −2

- 囚徒A/B都招供 ➡ 2年徒刑
- 囚徒A/B都沉默 ➡ 1年徒刑

如果用局中人（囚徒）的视角来看，双方都招供为佳。但是，如果能够理解博弈的结构并俯瞰全局，你能明白，双方都沉默会更好。

图 2-7

第二章 博弈论入门 "囚徒困境"

在比赛场馆的观众席观看足球比赛的时候,你是不是经常想说"为什么不往那个位置传球呢",虽然从观众席能够看清,但是,球员们却难以看清最佳传球路线。同样的道理,如果我们也处于与"囚徒困境"相同的局面,就能理解困境的困难之处了。

但是,请认真思考一下,假如你是囚徒之一,你能够选择沉默吗?

这种做法伴随着巨大的风险。假如对方招供了,你就会被判3年徒刑。

俯瞰整个博弈,以局中人的视角思考,两者相比看到的"景色"竟然如此不同。

正因如此,离开局中人的视角,让自己从上空俯瞰整个博弈极其重要。这样一来,就能理解博弈的结构,明白各局中人已陷入困境。只有明白了这些,才可以真正解决问题。

渔业的乱捕滥捞问题

在现实社会中,与"囚徒困境"相似的结构比比皆是。但人们往往陷入"尽管有对彼此来说都更有利的选择,却不能够做出那种选择"这一困境之中。

渔业的乱捕滥捞问题就是一个明显的例子(图2-8)。

充斥世界的"囚徒困境"结构

● 渔业的乱捕滥捞问题

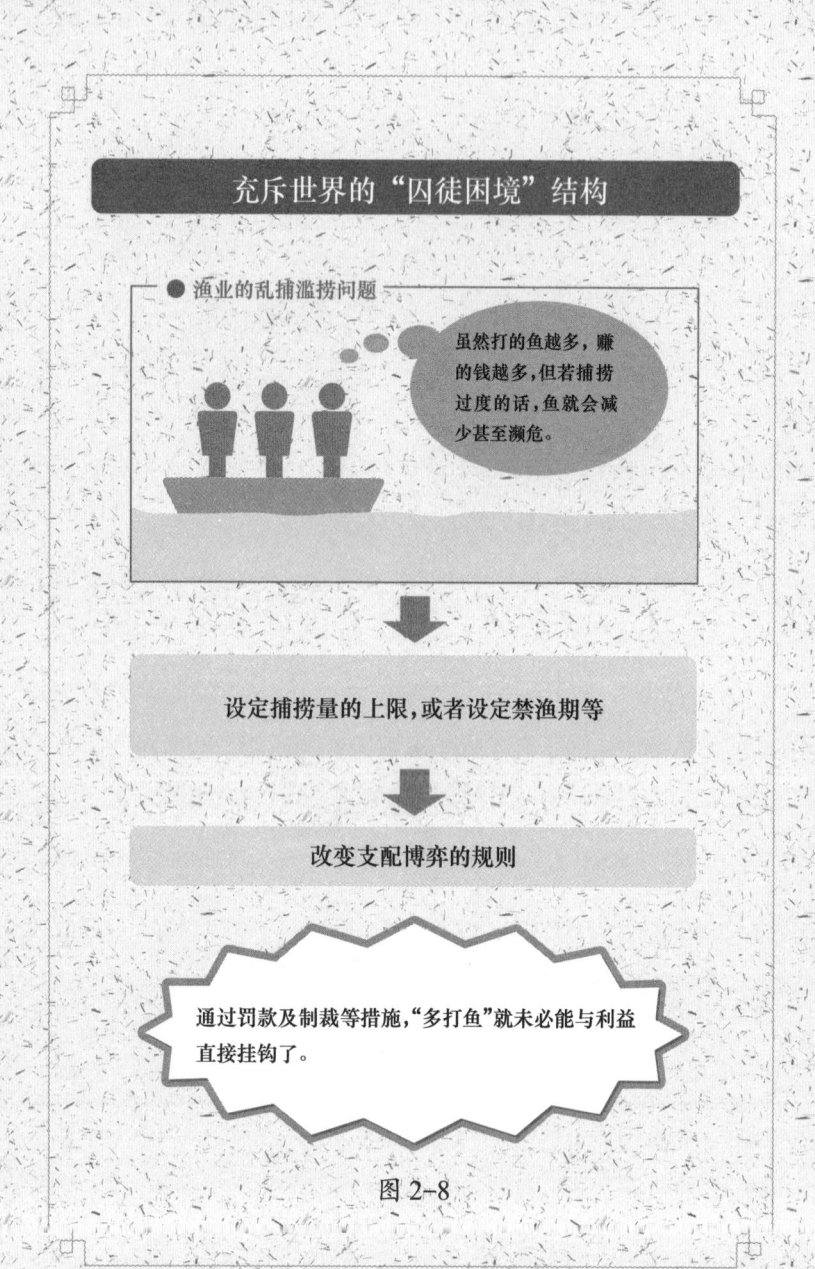

虽然打的鱼越多,赚的钱越多,但若捕捞过度的话,鱼就会减少甚至濒危。

↓

设定捕捞量的上限,或者设定禁渔期等

↓

改变支配博弈的规则

通过罚款及制裁等措施,"多打鱼"就未必能与利益直接挂钩了。

图 2-8

第二章 博弈论入门 "囚徒困境"

一般来说，人们都是站在"打的鱼越多，赚的钱也就越多"这个角度上，所以，渔民一门心思打更多的鱼。但是，如果在同一个渔场过度捕捞，第二年，这个渔场就会出现鱼量锐减甚至濒危的恶果。最终，所有的渔民都会蒙受损失。除此之外，还会引发水产行业的诸多问题，还会把话题焦点转向渔场荒废上来。

这一问题的博弈结构如何？怎样做才能解决？请认真地思考一下。

例如，如果只是发出呼吁："为了守住渔场，大家有所节制地打鱼吧。"渔民会响应吗？通常情况下，可能毫无效果。1尾鱼价值100日元，如果打1000尾就是10万日元。渔民去渔场一看，眼前有10万日元在"游来游去"，他们可能会只打5万日元的鱼就停手吗？

这种呼吁完全解决不了乱捕滥捞问题。

其实，可以用设定捕捞量上限、设置禁渔期等限制捕鱼的方法。

这就是改变规则，就能改变博弈结构的构想。认真思考博弈结构，做出相应的判断，改变规则才是最好的解决对策。

通过罚款及制裁等措施，"多打鱼"这一行为就不一定与利益直接挂钩了。

像这样通过改变支配博弈的规则来改变局面的方法比比皆是。面对复杂的情况也要认真思考。

虽然制定了禁止乱捕滥捞的规则，但是，如果有不受规则制约的人混进来，该怎么办？

在日本海打鱼的时候，韩国和俄罗斯的渔船过来打鱼就属于上述情况。他们不受日本国内的《禁渔协定》的制约，所以，即使在日本的禁渔期，也会过度捕捞。

这样一来，只有日本的渔民蒙受了损失。

这种问题的确令人为难。要想超越国界制定规则，就必须开展国际交涉，国家之间很可能因无法达成协议而最终不欢而散。

这样一来，又重新陷入"囚徒困境"的结构。

虽然改变了规则，但是，因为规则中会有不受约束的人混进来，结果又陷入了新的困境结构。从结局来看，这也是一个博弈结构。

用博弈论思考环境问题

关于因二氧化碳排放而导致的环境问题，也呈现相似的结构。

大量排放二氧化碳对哪个国家都不利，损害地球环境对于人类来说是重大损失。对此，全世界的人都应建立统一战线。

但是，发达国家和发展中国家对此有不同的态度，产业刚刚开始发展时，就被喊"请限制二氧化碳的排放量"，发展中国家好不容易发展起来的新产业便可能快速萎缩。

回想20世纪40年代后期至70年代初期的日本，正处于二战结束之后的复兴期，大企业接连诞生，出口额也逐年增加。扩建工厂、采用大型设备，"从今往后，日本经济将走向复兴"，整个国家经济势头见涨。

此时，出现了"设备排放二氧化碳过多，请撤掉"的声音。

虽然说是国际性的协议，但也不能简单地全盘接受，这种心情也是可以理解的。

世界性金融危机爆发，许多企业因难以筹措到资金而接连破产。他们以往的业务也步履维艰，根本没有余力为改善地球环境而开展设备投资。

如果各国都只从自己的利益来采取行动，就不可能做出对整个地球最有利的选择。

这的确是非常深刻的困境结构。

"看不见的手"不能触及的领域

在经济学领域，有"看不见的手"在发挥作用。所谓"看不见的手"，是亚当·斯密在其《国富论》中写下的名词。简而言之，在市场经济中，如果每个人、企业、国家都在为自己的利益而行动，从结果来看都会给整个世界带来利益。

这一观点对"如何发展、繁荣市场经济"这一问题给出了答案，这是无人能够否认的事实，因为它形成了资本主义经济的基础。

但是，如前所述，如果都只追求各自的利益，结果是给各方都带来不利。所以，可以肯定的是，的确存在"看不见的手"触及不到的领域。

如果世界上开展的经济活动（或者还包括其他活动）都只以自己的利益为目的，就会陷入一种难以预料的困境之中。

请看"在大学生的就业活动中潜藏的困境"。

如今，本科大学生的就业活动从大学三年级的夏天开始。而对于三年制的专科生来说，入学后，过不了多久就要考虑就业的事情。虽然经常有人指出三年级就开始就业活动为时尚早，但是要改善这一局面则并非易事。

没能够好好学习便就业的学生、没弄清学生在大学学习的内容就决定录用的企业，这两者都会陷入困境。

我曾经从某家大企业的人事部负责人那里听到，企业对大学生最高的评价就是"大学四年级的时候，能够独立开展主体性研究"。

大学生大部分时间都在被动地上课。但是，四年级时，自己决定主题并以自己的意愿开展的研究，才对毕业后走上社会大有裨益。

但是，由于就业活动提前，造成了学生主体性学习的时间不足。并且，由于公司必须尽早决定是否录用，公司对于用人季需要什么样的人才就难以做出正确判断。

现在可能想录用 10 人，但 1 年之后也许只需要 3 人，如果发生金融危机，可能都不需要招聘了。

从企业方面来看，尽管这种就业活动存在如此多的坏处，但也很难得到改善，这是就业的实际情况。

曾有一段时间，以就业协议的方式确定了就业活动开始的时期，但最终也在 1996 年被废止了。其原因是企业为了能够录用到优秀的学生，纷纷抢先行动。结果，协议被逐渐荒废，最终被废止了。

本来打算通过制定就业协议改变博弈结构的规则，但这一规则没能发挥作用，最终，又回到困境结构。

从这一事例中可以看出，就业活动的问题是由于各个用人单位为了争夺毕业生而出现的"囚徒困境"结构。与竞争对手之间相互争夺，打乱了应该有的秩序，结果是所有局中人都蒙受了损失。

"博弈的结构"被改变

我们在理解博弈结构的同时，还要力争预测未来，找到解决对策。

要想解开困境结构的难题，方法之一是改变支配博弈的规则。如为了解决环境问题设定碳税及排放权、为了防止渔业的乱捕滥捞签署相关协议等，还有很多例子都是通过改变规则来改变博弈结构的。

有时候，改变规则可以把人（包括企业和国家）的行动引导到更加正确的路线上。

如果能够确立类似于"大量排放二氧化碳＝付出成本"的结构，各国为了守护自己的利益就会积极主动地削减排放量。渔业的乱捕滥捞问题也一样，如果博弈结构变成"过度捕鱼＝带来坏处"，渔民们的行动自然而然地就会发生变化。

如果能够调整好博弈结构，问题就会朝预期的解决方向发展。

在面对问题的时候，要注意"不能单凭一个人过度坚持"。假如只你一个人坚持不懈地采取对环境友好的行动，对于推迟地球变暖的速度几乎起不到什么显著的效果。而且一个人过度坚持，也许会招致别人的厌恶甚至失去人们的信任。在面对"大家都不那样做""好不容易制定的规则却没人遵守"这些问题时，不要过度感情用事，也不要因此情绪低落。

解决问题进展不顺，说明规则缺乏实效性，博弈的困境结构还没有消除。

环境问题、就业问题，以及其他各种各样的问题，只靠人

第二章 博弈论入门 "囚徒困境"

们的道德觉醒是不会真正得到解决的。要以有效的形式改变博弈的规则，从而改变人们的行动。只有这种理性的做法，才能改变本身就有问题的结构，并将其引入正确地解决问题的轨道。

第 三 章

协调博弈
开创"有利市场"

博弈：所有问题都是一场赛局

🎯 "大家都想采取同样的行动"的博弈结构

在前一章，笔者已就"协调博弈"展开说明。

协调（coordination）是指"同步、调整"的意思。在协调博弈里有这样一种结构：参与博弈的局中人都保持同一步调，互相都得到利益。

我将用具体的例子说明这一结构，让你更容易理解。实际上，世界上协调博弈的结构随处可见。

前文提到的"VHS 与 β 之争"即其中一例。在上一章已经介绍了如果各方都为了自己的利益持续展开斗争、结果对各方都不利的困境结构。本章中，我们稍微改变一下视角，对消费者方面采取的行动进行思考。

包括我本人在内，日本的读者可能都有或有过 VHS 系统的录像机。当然，可能也有使用 β 系统的录像机的人，但不可否认的是使用 β 录像机的人占少数。

当时只要提到购买录像机，大家都会不约而同地决定购买 VHS 系统的机型。这到底是为什么呢？

在录像机的商战中，即使在 VHS 取得了胜利，还是有人会觉得"还是 β 的性能更好"。笔者在此没有要比较 VHS 和 β

第三章　协调博弈　开创"有利市场"

的性能的意思，但实际上，VHS 的性能并没有卓越到能够占压倒性市场份额的程度。

在性能差不多的前提下，对于更喜欢"轻、薄、短、小"型商品的日本人来说，理论上都会做出购买 β 的选择。但是，大多数的人却购买了 VHS。理由非常简单，那就是"大家都买 VHS"。

在录像机刚普及的时候，如果借一点契机扭转局面的话，也许几乎所有的人都会购买 β。为什么会这样呢？那是因为人们并没有非买 VHS 不可的理由。

尽管没有特殊的理由，但大家都采取相同的选择，以此来守住互相的利益。这就是协调博弈的基本结构。

简单来讲，考虑两个消费者（A 和他的朋友）的选择，协调博弈的结构就会更加清晰。

2×2 表如图 3-1 所示。即使与朋友的选择不一样，也不会出现录像机不能用的情况。但是，与朋友的选择相同会更方便。用圆圈记号把对方选择的最大利益圈住，可以看出存在两个纳什均衡。虽然实际的录像机商战并非只有两人参与，但结论是一样的，可以看出"全员都选 β"和"全员都选 VHS"这两个纳什均衡的博弈结构。

有人选择了其中的一个，而其余的人一致做出同样的选择。这就是协调博弈的特征。

录像机商战 = 协调博弈

假设
- β的若干性能要好于VHS
- 与朋友采取相同的选择会更方便

A的朋友

	β	VHS
A β	8, 8	4, 3
A VHS	3, 4	7, 7

"都选β"和"都选VHS"这两个都是纳什均衡

虽然说"都选β"要好于"都选VHS",但是偶然有谁买了VHS,那么就可能出现"都选VHS"的情况。

图 3-1

选择 Windows 和 MAC 等产品的情形，都是经常见到的博弈结构。如果懂得消费者都倾向于购买与大多数人相同的商品这一博弈结构，就容易预测出份额大的商品会垄断市场。理解了这一博弈结构，就能明白企业为什么即使出现赤字也要进行争夺市场份额的竞争。

一旦"决定的事情"就难以改变

其实，协调博弈的结构在我们身边随处可见。图 3-2 中就是一个典型的例子。

约会时，他想要去欣赏音乐会，而她选择去看电影的情况理应不会出现，因为那就不能算约会了。两个人行动相反，得到的利益均为"0"。

于是，两人都会在"一起去欣赏音乐会"和"一起去看电影"中做出选择。

假如欣赏音乐会的满足度为"10"，看电影的满足度"9"，那么两人将选择欣赏音乐会。

在这一博弈中，并不存在非选音乐会不可的理由。很可能因为一点点的契机两人就去看电影了。或者，下次约会再去看电影。像这样仅有两人参与的博弈中，局中人想要改变行动是很简单的事情。但是，随着参与人数的增加，协调博弈的结构会越发明显，改变行动就会变得越发困难。

协调博弈的代表性案例

请想象一下去和恋人约会的场景。

假设有"去欣赏音乐会"和"去看电影"这两个选项。虽然对于这两人来说,这两个选项哪个都可以,但极有可能出现"如果两者之中选一个的话,还是去欣赏音乐会吧"的情况。因为在有 A 和 B 两个约会去处的选项时,通常会有这种倾向——虽说都不错,还是选 A 吧。

- 男女都选择音乐会……………… 满足度为10
- 男女都选择电影………………… 满足度为9
- 各自做出与对方不一样的选择 ……… 满足度为0

	女 音乐会	女 电影
男 音乐会	10, 10	0, 0
男 电影	0, 0	9, 9

图 3-2

第三章　协调博弈　开创"有利市场"

与同事一起去吃午饭的时候，你是否经常与大家一起去同一个餐馆？虽然那家餐馆也谈不上最好，但是，因为大家经常去，也就成了理所当然的事情。或许后来有了更好吃且更便宜的餐馆，但大家还是会去经常去的那家餐馆。这也是一种协调博弈。

即使新来的职员抱有别的想法，但最后还是会采取与大家同样的行动。选择午餐店并不存在什么特别的理由，最重要的是要和大家在一起。并且，一旦确定了的行动和选择，就很难做出改变。无论好坏，很难再从"与大家同样"的稳定状态中摆脱出来。

在"一百日元电脑"中所看出的商务策略

协调博弈的结构也可以灵活运用于商业策略。

大家还记得 2008 年被称为"上网本（Netbook）"的微型电脑热销场面吧？"上网本"电脑售价低于 5 万日元，引发了一场"上网本旋风"。

但是，此后不久，这股旋风就被许多电脑量贩店推出的"一百日元电脑"这一冲击性的价格战策略击溃。无论再怎么批量生产，1 台电脑仅售 100 日元也绝对不可能有利润。

仔细打听之后才知道，在购买"一百日元电脑"时，需要同时购买 E-Mobile 这一通信终端并签署协议，而如果你想仅购买电脑，仍要花费 5 万日元左右。

电脑商家所采取的策略是，电脑的大部分成本由 E-Mobile 代为承担、以此来增加销量。可能 E-Mobile 能够给顾客带来好处吧。

我们将其作为学习博弈论的材料来验证一下（图 3-3），企业想让局势朝着对自己有利的方向发展这一意图就清晰地浮现出来了。

大部分购买小型电脑的人都希望走到哪带到哪，这就要求它必须具备无论何时何地都能上网的功能。如果这一通信终端能够获得压倒性的市场份额，无疑这种通信终端的企业方将在随后的商务中占据有利地位。如今，无论做什么事情几乎都要使用电脑，在街头随处可见正在操作电脑的人。

假如这些人中的绝大多数都使用 E-Mobile 的话，这对企业来说会有很大的好处。E-Mobile 就描绘出了这样的未来蓝图。

与"说起录像机就是 VHS"这一博弈结构同理，如果"说起用电脑的移动通信就是 E Mobilc"这一结构得以成立的话，企业所希冀的协调博弈结构就能够确立。

这样一来，为了能让自己的公司处于均衡状态，即使承担一些风险也要销售 100 日元的电脑。

不只限于 E-Mobile 这一个例子。很多广告促销以低廉的价格开展令人匪夷所思的活动，有可能也是出于这一战略。

第三章 协调博弈 开创"有利市场"

"100日元电脑"的商务策略

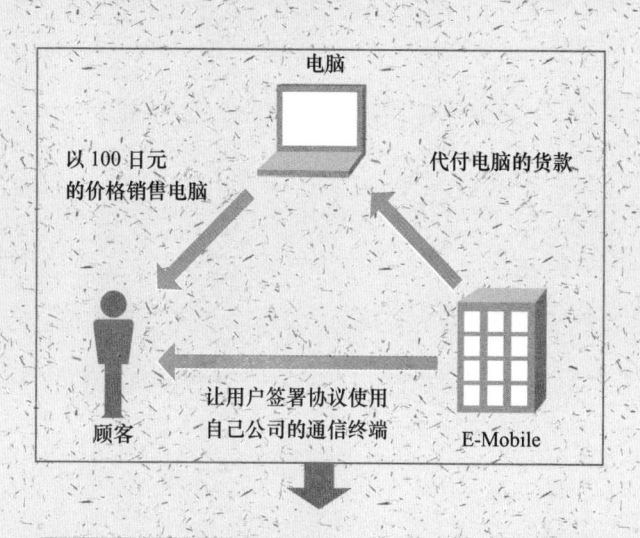

```
              电脑
    以100日元        代付电脑的货款
    的价格销售电脑

    顾客 ← 让用户签署协议使用
           自己公司的通信终端    E-Mobile
```

意图在于以代付电脑货款的形式,增加自己公司产品的顾客数量。

目的在于从长期的视角来思考,开创"只要说起用电脑的移动通信那就是E-Mobile"的局面。

图 3-3

博弈： 所有问题都是一场赛局

正确掌控"博弈的展开"

以博弈论的视点来分析各公司的商业策略，就能看出其实际意图。

在一些行业中不断上演激烈的价格战，企业希望以此扩大市场份额，开创有利局面，也有一些行业避开"囚徒困境"，走上协调路线。

虽然不能说哪种策略更好，但是，如果不能根据实际情况正确掌控博弈结构就不能开展有效的商务活动。当你还在嘲讽别人"明明知道会出现亏损，居然还要展开价格战，真是愚蠢"之时，也许就被竞争对手垄断了市场份额；当你还在觉得"坚决不能输给对手"之时，也许你没发现该行业本身正在走向衰退。正确看待"当前正在展开的博弈"对于每一位经营者和商业人士来说，都是必不可少的技能。

流行色在两年前就已确定

俗话说"同行是冤家"。与同行企业经常展开激烈竞争的情形相反，也有整个行业都在巧妙利用协调博弈结构的情况。

时装行业的流行色正是这一典型案例。

第三章　协调博弈　开创"有利市场"

实际上，流行色是每年由国际性组织确定的。有一个名叫"国际流行色委员会"（International Commission for Color in Fashion and Textiles）的组织，它成立于1963年，是选定世界流行色的非盈利机构。每年，来自法国、瑞士、美国、英国、西班牙、意大利、日本等国家的代表聚集在一起，讨论流行色，并当场决定两年后的流行色。

对于不太了解时装业的人来说，也许会感到很诧异："什么？为什么要那样做？"但是，那已是时装行业的常识。

在浏览时装杂志时，尽管当时可能是隆冬时节，但是映入眼帘的都是"今年夏天流行粉色，所以我推荐这款夹克"之类的评论。他们之所以能做这样的预言，是因为国际流行色委员会已经预先确定了流行趋势。

既然已经确定了流行色，全世界的时装行业就会一起行动起来。如果当年的流行色为红色，就会举行以红色为基调的时装展，各国的时装杂志都把红色作为"今年的流行色"以打动消费者。然后，人们就会一致采纳"今年的流行色"。

消费者中的大多数都有不想落后于潮流的需求，这种需求促成了协调博弈结构。

说起来，时装行业为什么要提前确定流行色呢？

既然是协调博弈，消费者们早晚都会朝着一个均衡的方向摸索前进。但是，这期间实际是进行反复尝试之后才能确定流

63

行色，因此，人们可能有一段时间会陷入"哪种颜色将流行呢"的不安。

比起服装厂家、设计师、时装杂志各自确定自己的流行趋势并相互竞争，将消费者引导到特定的流行色上对各方都更有利。于是，就需要预先决定流行色。

对于服装行业来说，最应该避免出现的情况是什么呢？那就是消费者们"都穿与去年同样的服装"。一旦如此，当年的服装就会卖不出去，时装行业就会受到重创。为了避免这一事态，每年改变流行色，明确区分"今年的服装"与"去年的服装"是非常重要的事情。

整个行业齐心合力将全世界的消费者诱导到一种流行颜色上来，这实在是一场漂亮的战役。他们能够透彻地理解协调博弈的结构，并能够准确预测多数人都会纷纷购买流行色的款式。正因为有了如此深刻的理解，这个行业才会采取"自己创造流行色"这一策略。

说句题外话，自1963年成立以来，国际流行色委员会确定的流行色都是供女性参考的。但自1985年起，在男性时装里也引用了流行色的架构。与女性时装相比，男性时装的色调及设计的变化不大，给人一种不太受流行色和流行元素影响的印象。但是，男性在衬衫、领带、围巾等的色调搭配方面，也会不知不觉地被卷入协调博弈之中。

第三章 协调博弈 开创"有利市场"

所谓协调的失败

协调博弈本身既不能说是绝对的好事也不能说是绝对的坏事。协调博弈中存在多个纳什均衡，如果长期处于不符合期望值的纳什均衡中，可能会出现问题。

例如，在上文谈到的录像机商战的博弈中，结果是"都购买 VHS"；男女二人是去欣赏音乐会还是去看电影的博弈中，结果是"都去看电影"。这些对于局中人来说都未必是最佳的纳什均衡。像这样的在多个纳什均衡中长期处于并非所期望的纳什均衡叫作"协调的失败"（图 3-4）。协调博弈会长期稳定在"好的协调"或"坏的协调"中，所谓协调的失败就是指陷入了"坏的协调"。

组织及社会中的大多数习惯都是在协调博弈的结构中形成的。如果成员中多数都受到习惯的"约束"，就能够在某种程度上预测出他人的行动，也能无惧困难地开展工作。因此，在组织及社会中常常会形成某个或某些习惯，让人们长期稳定于其中。但是，稳定于其中的习惯未必有必然性。大家都处在长期采取同样行动的过程中，这样一来，坏习惯得以扎根，就很难改变了。

职场里应该也有大家都已"默认"的坏习惯吧。

加班成为理所当然，上班时间只不过是名义上的，准时下

协调的失败

● 协调博弈的特点

❶ 大家都已经采取了或者正想采取同样行动

❷ 博弈结构一旦稳定下来，就难以改变

难以从"并非令人期望的状态"摆脱出来

加班乃理所当然的职场

即使加班加点也要拿出成果

偶尔也想按时下班

会议过多的职场

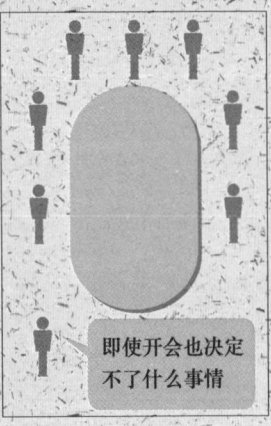

即使开会也决定不了什么事情

图 3-4

班的人反而被人们质疑,这样的公司不在少数。公司内部的联系系统(事情交接系统)等因"以前就是这样的"等理由而丝毫不改变。

协调博弈具有稳定的难以改变的性质,所以会有落后于时代变化的倾向。

现如今是瞬息万变的时代,必须正确把握、验证社会上存在的博弈结构与自己公司内部的结构,根据需要及时做出改变。

"不提问的学生"也是协调的失败

教育中也存在类似的例子。

如果问日本的大学生:"你们真正想做什么?"绝大多数学生都回答不上来。

为什么呢?我认为最大的原因在于他们进入大学校门之前的生活方式。

此前他们都基于"与大家一样"而生活。在进入大学之前,与大家采取同样的行动是没有问题的。但是,上了大学以后,自己想学的事情必须自己判断,并做出选择。特别是在就业的时候,更要求学生具有自主性和主体性。

在大学的学习及就业活动中"与大家一样"的生活方式就

行不通了。他们在遇到上了大学以后的上述情况之后，才发觉此前都没有自己思考并做出选择过，如今需要独立做选择，他们就不知道该怎么办了。

日本的学生中的绝大多数在上课时不愿主动提问，这也是协调博弈难以解决的问题。

如果发现有不明白的地方，应该当场提问，特别是像课堂讨论那样的场合，更应该当场提问。

但是，日本的课堂上基本上没人提问。课堂上形成了不提问的氛围，在某种程度上可以说是一种协调的失败。

如果他们习惯了不提问，也就不再进行独立思考。很多学生都是听到老师的授课就做笔记，他们把这当作上课的全部。

这一风气也给老师带来很坏的影响。

如果学生不提问的话，教师就会不认真备课，偶尔有学生提问时，教师就会感觉授课的正常秩序被打乱了一样，说一句"啊，这个问题我下节课再回答吧"敷衍过去。

虽然并非所有的老师都这样。但是，越来越多的教师因为班里形成了这样的风气，便不再要求学生独立思考。

这是让人深感忧虑的协调。

为了改变这种状况，采取辩论会形式的授课等，创造一种半强制性的提问或观点讨论的形式，也是一种值得一试的方法。

如果这种做法搞得好，就会形成"上课时讨论及提问乃理所当然"的"良好的协调",即使回到一般的授课模式,学生们也会积极主动地与老师配合吧。

协调博弈有这样一个特点:一旦稳定在良好的均衡中,此后即使不用规则来强制,事情也自然会朝着好的方向发展。

但是,从反面来说,也可能会有沉浸在不好的均衡里而不知的情况。

繁荣、萧条都是协调博弈

我认为,繁荣、萧条都是一种协调博弈。

我并非想用协调博弈结构来说明繁荣、萧条的全部。只不过,某种经济局面一旦形成,就会稳定在固定的状态,很难从这种状态中摆脱出来,无论繁荣还是萧条都具有这一性质。

所谓繁荣,是指经济规模不断扩大的状态,反之,萧条是指不断缩小的状态。也就是说,它们是表述经济活动的变化(扩大及缩小)的词语。

但是,稍稍变换一下视角,是不是也可以这样思考:扩大及缩小不是一种动态,而是处于一种稳定状态。

无论是繁荣还是萧条,几乎所有的个人或企业都采取同样或类似的行动。

2008年次级抵押贷款出现危机的时候,全世界的金融业受到重创，股价下跌，企业难以筹措到资金，从而缩小业务规模，削减从业人员的工资。很多人被解雇，消费不断萎缩，结果，企业的销售额遭受更大冲击。

经济恶化的时候我们能感受到激烈的变化，但如果经济在某种程度上稳定下来，那种恶性循环也被常态化，所有的经济活动都会呈现同一步调。

如果把经济活动视为重大博弈，参与其中的局中人（所有的企业及消费者等）的行动已被固化，要想抵抗这种趋势就变得极其困难。这个时候，可能有某位充满魄力的社长（总裁）奋力拼搏，努力使公司增加产量以振兴行业，但是，他们的产品没有人来买。结果，他的经营决策会招致更加严重的业绩下滑。

的确如此，萧条是指整个经济的协调失败。

要想靠一己之力使经济从稳定的均衡状态中摆脱出来，几乎是不可能的。

当然，我也并非想说"既然已稳定下来，就将这一状况放置不管即可"。从萧条中摆脱出来的有效方法肯定是有的，只不过为了找到这一方法，深刻理解"从稳定状态摆脱出来绝非易事"这一博弈的结构、性质是非常重要的。

协调博弈的基本准则就是"与大家一样"。

也就是说，处于稳定在低水准的结构中时，如果朝着某一部分努力基本上没有意义。协调博弈的结构也并不"允许"只有那一部分朝着经济恢复的方向转变。

被称为百年一遇的空前的经济危机将以何种形式化解尚不得而知,但是,我认为,必须有几种因素同时得到改善才能实现。

如果能够做到某几个领域、地区同时朝着繁荣的方向发力,就可以与那一动态保持同一步调,朝着好的方向迈进。

要想打开协调失败的局面,没有必要改变博弈的规则。只要人们步调一致,一起改变,无须强制手段,就能够转向新的稳定状态。

重要的是,大家一起改变。

人被"习惯"支配

在生活中各个方面经常能够看到协调博弈的结构。常见的例子就是自动扶梯的乘坐方法。

不知从何时开始,人们都不约而同地站在自动扶梯的一侧为别人空出另一侧。在日本,关东地区的人空出右侧、关西地区的人空出左侧。

但是,设置自动扶梯并非是为了让人们在上面行走,而是站在上面乘坐。虽说如此,在早晚的上下班高峰时,如果你自己一个人站着不动的话,肯定会招来后面的人异样的眼光。也许还会有人警告你"如果你想站着不动的话,到左边/右边去"。

原本应该禁止在自动扶梯上走动，但由于多数人让其形成了"潜规则"，站着乘坐扶梯的人反而会受到非议。

类似的情况也发生在日本没有信号灯的人行横道上。

在车流量比较大的街上，如果遇到没有信号灯的人行横道，有行人等待通过时，司机会不会停下来让行呢？

据我所知，几乎没有司机会停下来，当然，发生拥堵的情况则另当别论。在有一定的车流量的情况下，司机们可能都认为停车反而会妨碍交通。但是，交通规则明确规定，在人行横道附近应该减速，如果有行人等候，必须让行人优先通行。

但是，基本上没有司机遵守这一规则。如果让一个个行人优先通行的话有可能会造成交通拥堵，也有许多司机认为，这样反而会发生意想不到的危险。所以，就形成了"规则本身不符合现实，还是习惯较为合理"这样一种局面。

通常来说，行人也不习惯被让行，多数情况下，在经过人行横道时，汽车停下来等候行人通过，但行人反而迟迟不过马路。明明有"机动车停下，行人优先"这一规则，却变成了"行人停下，机动车优先"这一均衡状态。

但无论是关于自动扶梯还是人行横道，只要上述做法没有出现问题就没有必要刻意去改变。但是，这绝不意味着我们无意中形成的所有习惯都是正确的，而是因为"大家都那样做""以前就是这种做法"。

第三章　协调博弈　开创"有利市场"

作为畅销书《世界上最伟大的奇迹》的作者而闻名于世的奥格·曼狄诺 (Og Mandino，1924—1996) 认为"人都是习惯的奴隶"。其意思是，无论是好习惯还是坏习惯，人们都会像奴隶那样被习惯支配。

要想从根本上解决问题，有时候，质疑习惯也是很有必要的。

如果是个人的恶习，你只要与周围的人比较一下，很容易就能发现。但如果是集体的恶习就很难被发现。一旦深深浸润于社会及组织之中，就很难看清自己的恶习。

偶尔到其他的岗位及企业、国家等走走看看是很有必要的，那样就会明白"自己的常识"在别处可能行不通。或者说，学习别人如何面对问题也是非常重要的。

不过，必须注意的是，不能仅你一人改变行为，孤军奋战。为人们做出表率很重要，但是，即使少数人改变了行为习惯，也不一定就能转换成更好的均衡、习惯。如果大多数人没有改变行为习惯，那么，大家还会回到原来的均衡、习惯中。这就是令人遗憾的失败的改革，这也是协调博弈结构的难点。

<u>一旦</u>多数人改变行为并养成了新的稳定的习惯，随后即使长期放手不管也没有太大的影响。这和"囚徒困境"不一样，无须改变规则，因为在同一规则下，更好的习惯已经形成。

第四章

三个博弈

清楚利害关系的多样性

博弈：所有问题都是一场赛局

"懦夫博弈"的结构

在本章中，我会最先介绍"懦夫博弈"（Chicken Game）。我相信很多人即使没学过博弈论，也知道"懦夫博弈"。"懦夫博弈"也被称为懦夫比赛，是一个决定谁是懦夫的游戏。

我们以实际的游戏为例，解释一下"懦夫博弈"的情节和结构。

A 和 B 两个人，以迅疾的速度驾驶汽车冲向墙壁。看谁能够做到最大限度地接近墙壁，先踩刹车走下来的那个人输掉比赛，即为"懦夫"。

局中人有"先下""不下"这两个选项。

那么，用 2×2 表梳理一下博弈是如何展开的吧，如图 4-1。

① 两人同时踩刹车（下车）时，A 和 B 各自得到的利益为"0"。

② B 先下车、A 不下车时，A 得到的利益为"5"、B 为"-5"。A 从周围的人那里得到勇敢的称赞，B 则被贴上懦夫的标签。

③ A 先下车、B 不下车时，得到的利益 A 为"-5"、B 为"5"。B 被称赞，A 成为懦夫。

第四章 三个博弈：清楚利害关系的多样性

懦夫博弈的结构

B
	先下	不下
A 先下	0, 0	−5, 5
不下	5, −5	−20, −20

⬇

B
	先下	不下
A 先下	0, 0	−5, 5
不下	5, −5	−20, −20

● 纳什均衡有两个

❶ 如果对方先下，自己不下；

❷ 如果对方不下，自己先下。

图 4-1

④ A、B 都不下车时，两人都与墙壁发生激烈撞击，所以，两人得到的利益均为"-20"。这种情况是局中人的最坏结局。

给 2×2 表画上圆圈的话，就会清楚地看到，"如果对方先下，自己不下""如果对方不下，自己先下"都成为纳什均衡。

纳什均衡有两个，难分优劣。所以，预测各局中人的行动是极其困难的。

想确定谁是懦夫，也要看局中人的性格及家庭社会关系如何，仅从博弈的结构来验证，难以下结论。

但是，反复进行几次像这样的游戏，看看到底都是谁先下、谁不下，纳什均衡就会稳定下来。

即使是在电影和电视节目中，双方同时下车或者都猛烈撞墙的情况并不多见。

在现实社会中发生的"懦夫博弈"将是怎样的呢？

例如，企业之间的交涉，就很容易变成"懦夫博弈"。

带有红色标记的银行和带有蓝色标记的银行将要合并成为一家新的银行。

但是，给新成立的银行起一个什么名字呢？为此，双方争执不休。

红色银行主张叫"红银行"。

蓝色银行主张叫"蓝银行"。

第四章　三个博弈　清楚利害关系的多样性

请思考一下,面对这种情况,双方将会展开一场怎样的博弈呢?

在这一情况下,假设没有双方都让步这一选项,要想达成一致,必然要在两个主张中选择。

① 红色银行让步,取名为"蓝银行"。
② 蓝色银行让步,取名为"红银行"。
③ 双方都不让步,以谈判破裂而告终。

在这场交涉中,难以预测结局,因为三种结局都有可能发生。

不过,通过对"懦夫博弈"进行验证,会有几种结构显现出来。如果双方都固执己见,就会有最坏的结果。在真正的"懦夫博弈"中,"两人都激烈撞墙而亡"是两人都想避免的结局。同样,无论对于红色银行还是对于蓝色银行,合并谈判走向破裂是双方都不愿看到的最坏结果。如果双方通过策划合并就能抵御经营危机的影响,而固执己见争执不休就会导致错失良机。

谁都不想成为懦夫,但必须避免出现最坏的结果。

这一心理,才是困扰局中人的"懦夫博弈"的基本结构。

"古巴危机"——危险的博弈

曾经有一场非常危险的"懦夫博弈"笼罩世界,那就是

博弈：所有问题都是一场赛局

1962 年爆发的"古巴危机"。

与美国对立的苏联在古巴境内配备了核导弹，此事被美国的侦察机发现，"古巴危机"就此爆发。

时任美国总统的是约翰·F. 肯尼迪，担任苏联部长会议主席的是赫鲁晓夫。以这两人为中心，震撼世界的"懦夫博弈"拉开了帷幕。

琐碎的细节不再赘述，在此，仅简单讲述一下这次博弈的结构：

美国向苏联提出了从古巴撤走核导弹的要求；美国表明了如果苏联不接受要求便不惜发起核战争的强硬姿态；苏联对于撤走核导弹的要求有"同意""不同意"这两个选项。

在博弈的结构上，不存在双方都让步的结局。从实际情况来看，美国提出了各种条件，进行了各种交涉，但是，在此，我想仅仅围绕以下三种解决模式展开思考，如图 4-2。

① 美国让步，苏联不让步的情况 → 美国接受苏联在古巴布置核导弹这一事实。

② 美国不让步，苏联让步的情况 → 苏联撤走核导弹。

③ 美苏两国都不让步 → 核战争爆发。

正像电影《惊爆十三天》(*Thirteen Days*) 所展现的那样，紧迫的局面持续了 13 天。从当时的美苏关系来看，剑拔弩张，即使真的爆发核战争也并不令人意外。全世界都在战栗中注视

用博弈论来看"古巴危机"

苏联

	让步	不让步
美国 让步	✕	−5, 5
美国 不让步	5, −5	−20, −20

在"懦夫博弈"中取胜的要点

❶ 心里想的事情
➡ 虽然不想成为懦夫,但想避免最糟的事态出现。

❷ 展现给对方的姿态
➡ 即使出现最糟的事态也不要成为懦夫。

图 4-2

着肯尼迪和赫鲁晓夫的决断。

结局是苏联做出让步，从古巴撤走核导弹，危机得以消除。

那时，迫使赫鲁晓夫做出撤走核导弹决策的原因到底是什么呢？

美苏关系？苏联国内的情况？理由有很多，但是，把焦点放在博弈的结构上面思考一下。对于两国来说，最想避免的是核战争，这一点谁都不能否认。

但是，如果避免核战争这一想法被对方看穿的话，就无法在这场"懦夫博弈"中胜出，这才是最难的地方。

即使心里想着"只要避免最坏的结局"，也必须在表面上强装"即使出现最坏的结局也不要成为懦夫"。

迫使赫鲁晓夫做出撤走核导弹这一决策的最大原因在于，美国表现出了"真正想发起核战争"的姿态。

尽管冒着如此大的风险，在国际交涉的场合，演变成类似博弈结构的事例却并不少见。

在"懦夫博弈"里通过采取强硬姿态，能够让博弈朝着有利于自己的方向发展。只要避免最糟的结局，展示出"我不踩刹车"的强硬姿态，让对手相信你毫不退让，那么，你就可能胜出。

第四章 三个博弈 清楚利害关系的多样性

"谁都不愿做的工作"的"懦夫博弈"

即使在日常工作中,类似"懦夫博弈"的结构也随处可见。例如,谁都不愿做的工作该怎么办就是这种情况。

> 有谁都不愿做的工作摆在面前。如果 A 和 B 都不做的话,整个工作部署将会陷入混乱。
>
> 从业务的性质上来看,既不能"由这两个人一起来做",也不能"轮流来做"。在这种情况下,A 和 B 两人将采取怎样的行动呢?

这是与此前验证的"懦夫博弈"基本相似的结构。

① A 让步,做那份工作。

② B 让步,做那份工作。

③ 两人谁都不让步,工作部署陷入混乱。

请联想一下实际的工作场景,是不是总有那么一个人把谁都不愿做的工作承担下来?如果有 A 和 B 两个人适合干这项工作,但实际上却总是由 B 来承担。为什么总是由 B 来扮演吃亏的角色呢?

从博弈的结构来说,是因为 B 不能表现出拒绝的强硬姿态。B 这样想:与其互相推诿,不如由自己承担下来。"谁都不愿做的工作就由 B 来做"这一情形如果被常态化,就不会再有人把这件事当作一个问题来看待。

长期下去，如果 B 能够从心理上接受自然没有问题，但是，如果 B 对此感到不满就有必要拒绝。

平日里连一句牢骚都不发的 B 如果突然表现出强硬的姿态，对方就会感觉"这次他是动真格了"。如果 B 能让对方这样想，就能够让"懦夫博弈"朝着有利于自己的方向发展，也许已经常态化的关系就会发生改变。

虽然这的确是改变博弈的有效手段，但是，你可能被老板斥责"之前没有拒绝，现在也绝不允许"。对于 B 来说，与其现在才说出自己的想法，不如当初就不接受。

从现实的角度来说，解决这一问题需要上司采取一些改变博弈结构的方法。如果上司对这个博弈结构有比较深刻的理解，就能够清晰地看出，此前没有人愿意干的工作也是由 B 一人承担的。那么，上司就能明白，需要设定新规则。

例如，可以提高这一工作岗位的薪酬。即使是令人讨厌的工作，只要与匹配的薪酬挂钩（或者是提高该岗位的地位及待遇），可能就不再是"谁都不愿意干的工作"。即使 B 想继续从事该项工作，也有可能会有其他想做的人站出来，这就形成了与以往不同的结构。

"懦夫博弈"是决出懦夫的斗争，但是也请记住，我们不能只单纯地称赞胜者，还要把关注目光投向牺牲自己甘愿充当懦夫角色的人。

第四章 三个博弈 清楚利害关系的多样性

🎯 "便士匹配"中"不被猜出行动"是关键

下面将要说明的是"便士匹配"这一博弈(图4-3)。

所谓便士,是指在英国等国家使用的英镑的辅助货币。

便士匹配实际上就是用硬币就可以玩的简单游戏。

两个人中的一方不让对方看到硬币,让对方猜出是正面还是反面。

对方回答"正面"或"反面",猜对的话为胜,猜错为负。就是这样一种简单的游戏。

把糖块(或者其他小件物品)攥在左手或右手里,让对方猜糖块在哪只手里,这些博弈的结构都是相同的。这类博弈不存在必胜的方法。

不过,如果对方总是采取同样的行动,即总是猜为正面或反面,取胜就很容易了。例如,出题的那一方(即拿着硬币的一方)总是让硬币显现"正面",答题的一方就能够百发百中地答对。反过来说,答题的一方总是猜"反面",理论上,出题的一方每次都能取胜。

在"便士匹配"中,"不被对方猜出行动"是重点。

为了让博弈的结构清晰易懂,我们来画出2×2表,见图4-3。有出题方和答题方这两个局中人,各自都有"正面"

85

"便士匹配"

出题方决定硬币的正面或背面。答题方猜想"是正面还是反面"。猜对为胜，猜错为负。利益：取胜则为"1"，失败则为"-1"。

答题方

	正面	背面
正面	-1, ①	①, -1
反面	①, -1	-1, ①

出题方

不存在纳什均衡

顺便看一下猜拳游戏：

B

		石头	剪刀	布
	石头	0, 0	1, -1	-1, 1
A	剪刀	-1, 1	0, 0	1, -1
	布	1, -1	-1, 1	0, 0

请画上圆圈记号，确认并不存在纳什均衡吧。

图 4-3

和"反面"这两个选项。如果猜对,利益为"1",猜错则为"-1"。不存在两个数字都被画圆圈的单元格。

也就是说,不存在纳什均衡,这与猜拳游戏也很相近。在猜拳游戏中,有"石头、剪刀、布"三个选项,玩游戏的人通过不断变换出法使得游戏进行下去。原则上,猜拳游戏中并不存在强者和弱者,它作为公平的裁决方法,被应用于很多场合。

但是,有时也会听到有人说"我对猜拳很不在行"。这种人可能是已被对方摸透了习性。

棒球比赛中投球手和击球手的关系也呈现出相同的博弈结构。

握球方式有两种:直球和指叉球。如果总是以直球的方法投球的话就很容易被对方击中。如果最后的决胜球总是采用指叉球方式的话,就很容易被击球手打回来。

在观看棒球比赛转播时,我们有时会看到决胜球时,球员以特别的方式投出指叉球。当然,虽然都是干净利落的投球,但如果总是以指叉球的方式投出去的话,就不一定能战胜对手。只有让对方觉得"他投过来的说不定是直球",指叉球才会真正发挥其威力。

警察与小偷的关系

对于像"便士匹配"这样的博弈,采取将计就计的对策很

> 博弈：所有问题都是一场赛局

关键。

出题方在设定"正面或反面"时，要想方设法让对方的猜想落空；而答题方要揣摩对方的行动，尽可能猜对。

这也类似于警察和小偷的关系，如图4-4。

假设在某个街区，有一名警察和一名小偷。

警察有"巡逻"和"不巡逻"两个选项。

小偷那里有"闯入空宅"和"不闯空宅"两个选项。

小偷如果选择在警察不巡逻时闯入空宅就成功了，但如果选在警察巡逻时就会被逮个正着。那么，警察和小偷各自会采取怎样的行动呢？

① 警察"巡逻"，小偷"闯入空宅" → 警察得到的利益为"1"，小偷为"-1"。

② 警察"巡逻"，小偷"不闯空宅" → 警察得到的利益为"-1"，小偷为"0"。

③ 警察"不巡逻"，小偷"闯入空宅" → 警察得到的利益为"-1"，小偷为"1"。

④ 警察"不巡逻"，小偷"不闯空宅" → 双方各自得到的利益为"0"。

如上，虽然有四种组合，但从图4-4的2×2表可知，哪种组合都不能达到纳什均衡。因此，警察和小偷的行动无法稳定在某种模式上。

两方转来转去，行动总在变化，无法稳定在某种状态。这

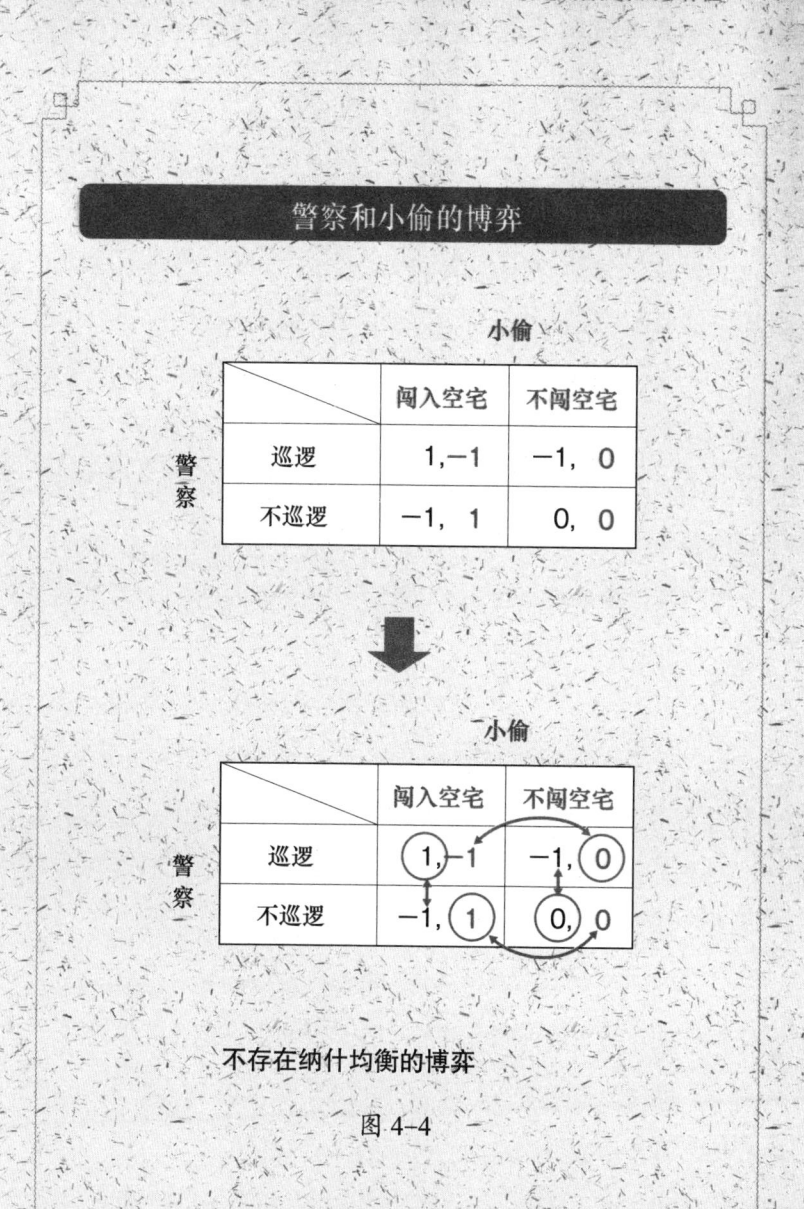

警察和小偷的博弈

小偷

	闯入空宅	不闯空宅
警察 巡逻	1, −1	−1, 0
警察 不巡逻	−1, 1	0, 0

↓

小偷

	闯入空宅	不闯空宅
警察 巡逻	1, −1	−1, 0
警察 不巡逻	−1, 1	0, 0

不存在纳什均衡的博弈

图 4-4

是非常符合"便士匹配"特征的博弈结构。

如果小偷知道有警察在巡逻,就不会去犯罪。于是,警察就觉得"即使巡逻也是徒劳",便开始不巡逻。

刚开始一段时间,即使警察不巡逻,小偷也不采取行动。等到警察不巡逻时间久了,小偷才开始行动,取得了成功。

知晓了这种情况的警察再次开始巡逻,逮住了小偷(小偷被拘留几个月之后释放出来,再度作案)。

从结果来看,这种重复关系将永远持续,像一场无休止的恶性循环。

但是,警察也不能对此感到气馁。无论小偷是否出来作案,如果警察不认真巡逻,街区的居民就会不得安宁。

那么,我们改变一下支配博弈的规则看看。

改变了规则,博弈的结构也会发生改变。思考一下,因警察不巡逻而导致小偷闯入空宅的情况,警察得到的利益为"-1",小偷得到的利益为"1"。也就是说,对于警察来说,虽然给他带来了不利影响,但影响不会特别大。

我们来改变这一结构,在因警察不巡逻而导致小偷闯入空宅时,加重对警察的不利影响。如果警察不巡逻导致小偷闯入空宅,就让警察缴纳50万日元的罚款,加入这一规则后,事情将会怎样发展呢?

这样一来,警察即使只有一次失败,也必须缴纳50万日元罚款。如果警察承受如此巨大的风险,那么,即使在小偷不作

第四章　三个博弈　清楚利害关系的多样性

案时，按理来说，他也会认真负责地巡逻。

但这一规则也不是没有问题。

如果惩罚过于严厉的话，可能会出现谁也不愿意当警察的情况。因为即使一年之中警察有 364 天都很出色地完成了工作任务，而只要有一天出现问题就可能致使所有努力全都白费，满盘皆输。任谁都会认为这是不合算的，过不了多长时间，就不再有警察了。

这样一来就本末倒置了。那么，我们就稍稍改变一下规则看看。

对于警察巡逻这件事给予报酬又会怎样呢？

在之前的博弈结构中，"警察巡逻，小偷不出来作案"时，警察得到的利益为"−1"，这是出于白跑腿、带来不利影响的考虑。为了改变这一想法，推行只要警察出去巡逻就为其提供"1 天 1000 日元"的特殊报酬的制度。

小偷不出来作案的时候警察也出去巡逻：

之前的博弈结构 → 给警察造成与白跑腿相应的损失(−1)。

新的博弈结构 → 出去巡逻一天就会得到 1000 日元的特别酬金（＋1）。

于是，无论小偷是否闯入空宅，警察都会认真巡逻。如果警察抓住闯入空宅的小偷后得到了额外的奖金，无疑就会更干劲十足了。

博弈：所有问题都是一场赛局

不要把着眼点放在"个人"，而要放在博弈的结构

从上述事例中可以看出，博弈论的三个目标：①把握博弈的结构；②预测将要出现的事情；③找出切实的解决对策，都很好地实现了。

理解博弈的结构，与采取"对警察处以50万日元的罚款"这一改善对策相反，代之以更好的主意，"为巡逻发放酬金"这一解决对策就自然而然地"浮现"出来了。

虽然日本现在基本没有推行这一制度，但是许多国家实际上都在推行以酬金激励的方式提高警察服务质量的举措。

在日本，警察尽职尽责被视为理所当然。日本已经出现了从职业道德的角度解决问题的惯性思维。

要想解决这类问题，必须从根本上改变博弈的结构。强化惩罚、设立新的奖赏制度等都是有效的方法。

在出现问题之后，不要对当事人谴责一番就草草了事，重要的是找出导致问题出现的博弈结构，从根本上解决问题。在处理社会及职场中出现的纠纷、与家族成员及友人的人际关系等问题时，如果能够通过设定恰到好处的规则来改变博弈的结构，就有可能获得理想的效果。

第四章　三个博弈　清楚利害关系的多样性

🎯 "霍特林模型"的结构

此前介绍的所有博弈都是"2×2的博弈""有两个局中人，各有两个选项的博弈"。出现的局面仅有4种，尽管是这种简单的博弈，也能清晰表述出"囚徒困境"及协调问题等多种利害关系。

当然，从现实情况看，有不少选项超过两个的情况。例如"霍特林模型"，请看图4-5。

请你把自己想象成冰激凌店的老板，思考一下下面的情况。

与此前介绍的博弈不同，老板能够自主决定开店的场所。因此，可能出现的情况是非常多的。从如此之多的情况中预测结果绝非易事，所以，在此列出a、b、c三个选项，其中只有一个可以形成纳什均衡。你能看出哪个是纳什均衡吗？

从结论来看，a为正确答案。

为什么a是正确答案呢？我们来验证一下。

对于消费者来说，c"在距两端各25米的位置"对于A店和B店来说，分别开店是最方便的。即使是离店最远的顾客也只需走25米就能买到冰激凌。

假设A店老板将消费者的便利放在最优先考虑的，选择在距海滩左端25米远的地方开店。

博弈：所有问题都是一场赛局

"霍特林模型"的一个案例

假设某处海滩，有 A 店和 B 店两家冰激凌店要开张。海滩的长度为 100 米，顾客几乎均等地分布。那么，这两家店的老板将分别在何处开店呢？

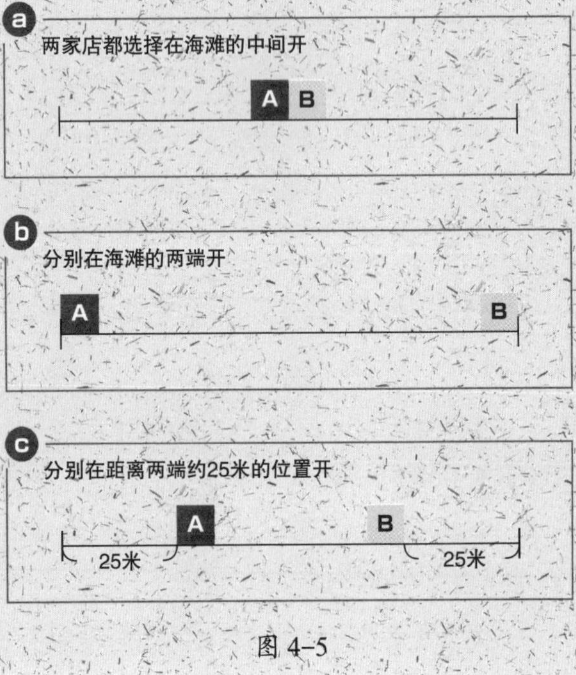

a 两家店都选择在海滩的中间开

b 分别在海滩的两端开

c 分别在距离两端约25米的位置开

图 4-5

第四章　三个博弈　清楚利害关系的多样性

那时，B 店的老板该如何选择呢？

如果 A 店确定在距左端 25 米远的地方开张，那么 B 店理应考虑在紧挨着 A 店的右侧开张。这样一来，海滩右侧约 75 米的地方基本上都将归入 B 店囊中，如图 4-6 所示。

对 A 店来说，绝不能眼睁睁地看着那种局面出现。

A 店就会朝着比 B 店稍微靠近海滩中间的地方移动，想把近 75 米的海滩据为己有。那样的话 B 店也不能只是在旁边看着。B 店也要朝着比 A 店稍微靠近中间的地方移动，从而夺走 A 店的地盘。

两家店如此激烈争夺地盘，最后都决定在海滩的中间并排开张（从中间开始的左侧是 A 店的地盘，右侧是 B 店的地盘）。

这样一来，虽然对于普通消费者（特别是在海滩两端游玩的宾客）来说会感到很不方便，但是考虑到冰激凌店的利益，开在这个位置是比较妥当的。

"霍特林模型"的结构

如上问题的解释

对于消费者来说，c"在距两端各25米的位置"对于A店和B店分别开张是最方便的。即使是那些离店最远的宾客，也只要走25米就能买到冰激凌。

但是，A店为消费者的方便着想的话……

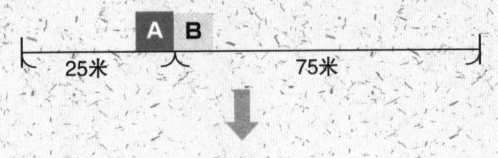

| A B |
| 25米 | 75米 |

↓

海滩右侧约75米都成了B店的地盘

A店不会允许那种局面出现，所以

| B A |

想如此这般扩大自己的地盘

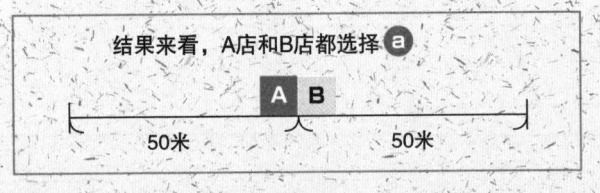

结果来看，A店和B店都选择 ⓐ

| A B |
| 50米 | 50米 |

图 4-6

第四章　三个博弈　清楚利害关系的多样性

🎯 拉面店为什么都集中在车站前

在车站前，有一片区域聚集了多家拉面店，这也是展示"霍特林模型"的一个案例。

住宅区以车站为中心向周边扩展，因此，站前就相当于海滩的中间。如果是不懂博弈结构的人看了，可能会感到不可思议："在同一个地方集聚了这么多家拉面店，能开得下去吗？"实际上，这是有原因的。

大家都想着要"扩大自家店的地盘"，自然就集聚到车站前了。

他们采取了通过集聚促使当地朝着品牌化的方向发展的模式。

而电器店的集聚就使得"说起电器产品就想到秋叶原"这一认知越传越广。最终，越来越多的人乘坐各种交通工具从远方赶来秋叶原。如今的秋叶原，除了电器产品之外，还作为动漫及花样滑冰、偶像（网红）表演等"圣地"，在朝着品牌化的方向发展。其认知度不仅在日本国内不断攀升，还在向海外不断扩展。日本人想买大牌商品都去纽约的第五大道或香港、巴黎等，同理，国外的人们如果想买电器产品及日本动漫周边产品就会去秋叶原。

博弈：所有问题都是一场赛局

政策主张与电视节目的共同点

从各政党提出的政策主张中能看到"霍特林模型"的结构。

例如，假设有"革新型政策"和"保守型政策"两个极端。以海滩的例子来看，左边是极端的革新型政策，右边是极端的保守型政策。

在海滩上游玩的顾客都是有选举权的公民。

但是，无论是革新型政策还是保守型政策，过于极端的政策肯定不会得到多数人的支持。要想得到多数人的支持，必须推出能让人们理解、支持的政策。于是，就出现了"虽然基本上是革新型政策，但采纳了许多保守型的要素"的情况，革新程度朝着中庸政策接近，也就是向海滩的中间靠近。保守型政策的情况也是同理。

结果，所有政党都提出了近乎雷同的政策。也许，很多人对此感到诧异，但从博弈论的思考方法来看，这其实是自然而然的事情。

在"霍特林模型"中，目的是寻找容纳更多人的场所。如果考虑一下博弈的结构，就能够明白更靠近中间（平均值）的才是最适合的。

结果是，即使政策没有得到狂热支持，也有更多的人被引导到"看来并不怎么坏"这一想法上来。

第四章 三个博弈 清楚利害关系的多样性

从电视节目中也可看出同样的博弈结构。

对电视节目来说，获得收视率很重要，该数值决定着广告收入的高低，影响着电视台的收益。各家民营电视台都采取与其迎合狂热的一小部分"粉丝"，不如为多数观众考虑的措施。为此，各电视台的节目编排都很类似，基本上都在相同的时间段播放大致相近的节目。

也许会有人抱怨"每家电视台的节目都差不多，真无聊"，但是，这种形式在商业运营时不是说变就能变的。

这一结构，既可以视为大家都采取同样行动的协调博弈，也可以视为为了获取更多的份额（支持）向海滩中间靠近的"霍特林模型"。

如果有的电视台在以综艺节目为主的时间段安排了新闻报道或纪录片等，请关注随后一段时间的进展。如果新尝试进展顺利的话，其他电视台也会跟风；如果新尝试进展不顺的话，过不了多久，这家电视台就会重新安排以前的节目了。

在懂得了博弈论之后再来看待事物时，就会发现一个妙趣横生的全新世界！

第五章

动态博弈

拓展"时间的视野"

时间的流逝

本章介绍"动态博弈"（Dynamic Game）。动态这一词有"变动"的意思。因此，在本书中，我想用动态博弈这一表述方式作为"有变动的博弈"的总称。

那么，所谓有变动，究竟是指什么样的局面呢？其实就是指有时间的流逝。

此前介绍的博弈中，原则上都没有把时间的流逝考虑在内。

在"囚徒困境"中，被逮捕的两个囚徒面对"是招供还是沉默"，必须当场做出决定。并非是在囚徒 A 做出选择之后，囚徒 B 才能做出决断。

如上所述，在博弈论中把各局中人同时（不考虑时间的经过）做出判断这种类型归类为"同步博弈"，即同时展开步骤。

另一方面，动态博弈中包含时间的过程，这一部分是博弈的关键所在。

本节在介绍"展开型博弈"和"重复博弈"这两种类型的博弈模式的同时，也对"时间的流逝是如何影响博弈结构的"这一问题进行验证。

国际象棋和黑白棋中的"展开型博弈"

展开型博弈的特征是决策的时机轮流到来。在有局中人 A 和 B 的情况下，A 先出一招之后，B 再在 A 的基础上出一招。国际象棋、黑白棋等以一对一的方式来进行的博弈大都是这种形式。

局中人 A 的选择对局中人 B 将产生怎样的影响呢？这里面大有玄机。

请看图 5-1。

给 B 工厂提供的选项有"加入"和"不加入"这两个。

那么，A 工厂将有什么样的选项呢？

假设 B 工厂加入，可以想到 A 工厂将有"战斗"和"融合"这两个选项。

所谓"战斗"，是指通过展开价格战等，不让 B 工厂夺走市场份额的抗争。

所谓"融合"，是指与 B 工厂缔结协议，友好地分配市场份额，以互相都接受的形式开展事业。结果以 A 工厂将市场份额让出一部分给 B 工厂的方式收场。

A 工厂的选项→① 战斗 ② 融合

B 工厂的选项→① 加入 ② 不加入

思考展开型博弈

在某个街区有一家面包工厂（A工厂）。该街区的面包工厂仅此一家，所占有的市场份额为100%。但是，同样生产面包的B工厂对该街区虎视眈眈。B工厂是加入还是就此罢休呢？对于B工厂的加入，A工厂要采取怎样的行动呢？

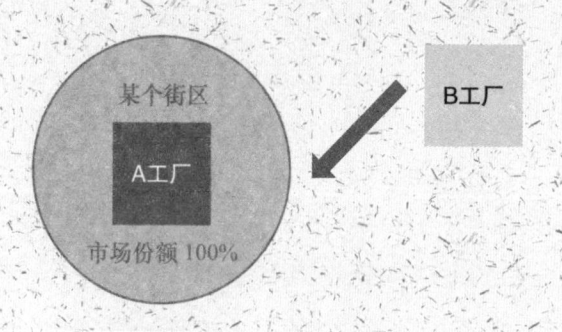

某个街区
A工厂
市场份额100%

B工厂

A工厂的选择
❶战斗　❷融合

B工厂的选择
❶加入　❷不加入

图 5-1

第五章　动态博弈　拓展"时间的视野"

在此之前介绍的博弈中，都是用 2×2 表来验证各自的选项的。

但是，那样做不能准确地表示时间的流逝和决策的顺序。展开型博弈要使用"博弈树"来梳理局面。

🎯 用"博弈树"来思考时间的流逝

所谓"博弈树"，是指将各局中人的选项按照决策的先后顺序用树枝状图形来表述的图示。

首先，B 工厂必须做出加入或不加入的决策。原本是由 A 工厂垄断整个市场，假设此前 A 工厂所得到的利益为"3"。如果 B 工厂不加入，那么 B 在这个市场得到的利益就为"0"。

如果 B 工厂选择加入，决策的顺序就转向了 A 工厂。A 工厂就有"战斗"和"融合"两个选项。

由于 B 工厂的加入，A 工厂的利益会丧失一部分。假设 A 工厂高度重视此事，采取了"战斗"的选项，就会伴随着风险。不仅价格战在所难免，还会因供货方和进货方而引发激烈的争战，这对双方来说都是损失。

B 工厂加入，A 工厂选择战斗时→A、B 两工厂得到的利益均为"−1"。

反过来，A 工厂如果做出"融合"这一决策，虽然 A 工厂

博弈：所有问题都是一场赛局

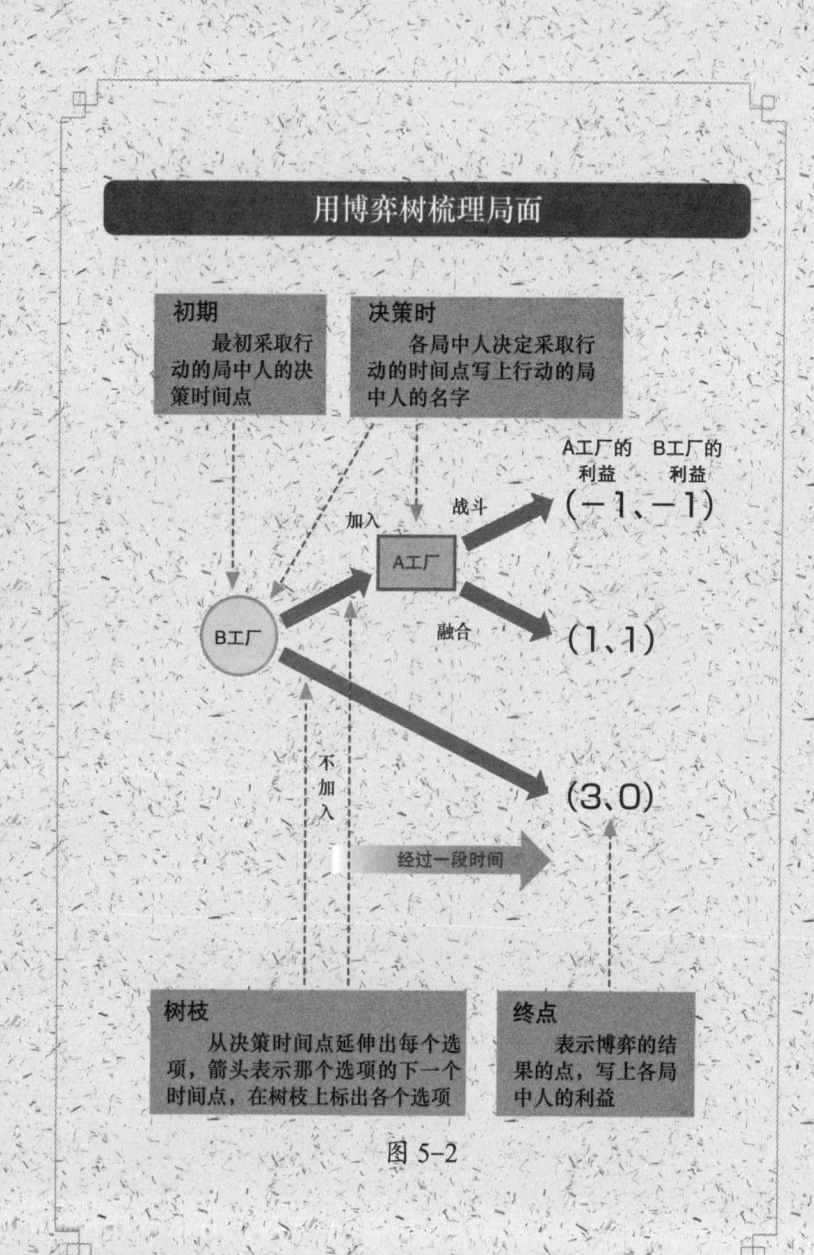

用博弈树梳理局面

初期
最初采取行动的局中人的决策时间点

决策时
各局中人决定采取行动的时间点写上行动的局中人的名字

A工厂的利益　B工厂的利益

B工厂 —加入→ A工厂 —战斗→ (−1、−1)

A工厂 —融合→ (1、1)

B工厂 —不加入→ 经过一段时间 → (3、0)

树枝
从决策时间点延伸出每个选项，箭头表示那个选项的下一个时间点，在树枝上标出各个选项

终点
表示博弈的结果的点，写上各局中人的利益

图 5-2

第五章　动态博弈　拓展"时间的视野"

不能再得到垄断市场份额时的利益"3"，但 A、B 两工厂都可得到"1"的利益。

通过使用博弈树，可以很好地梳理局面。博弈到底会以怎样的形式展开呢？

"决策的顺序"在很大程度上左右博弈

在得出正确答案之前，我想练习一下博弈论的其他专家学者是怎样研究加入博弈的。

他们首先会制作 2×2 表，如图 5-3，看看能否找到纳什均衡。要想选出最有可能的选项，他们认为这一做法是最适合的。

A 工厂的选项为"战斗"和"融合"。

B 工厂的选项为"加入"和"不加入"。

首先，站在 A 工厂的立场考虑一下。

B 工厂加入的情况下，A 工厂选择"战斗"得到的利益为"–1"，选择"融合"得到的利益为"1"。

A 工厂理应会选择"融合"。

在 B 工厂不加入的情况下，A 工厂无论选择"战斗"还是"融合"，都得到"3"。在这种情况下，无论 A 工厂选择哪个都得到最大利益，所以在两个"3"处画圆圈。

107

用 2×2 表找出纳什均衡

	B工厂 加入	B工厂 不加入
A工厂 战斗	−1, −1	③, ⓪
A工厂 融合	①, ①	③, 0

纳什均衡有两个

❶ A 战斗 × B 不加入

❷ A 融合 × B 加入

但是，① A 战斗 × B 不加入这种情形真的会出现吗？

图 5-3

第五章　动态博弈　拓展"时间的视野"

接着，站在 B 工厂的立场来考虑。

在 A 工厂选择"战斗"的情况下，B 工厂选择"加入"，得到的利益为"-1"，选择"不加入"，得到的利益为"0"。

B 工厂理应选择"不加入"，把"0"圈画起来。

在 A 工厂选择"融合"的情况下，B 工厂选择"加入"得到的利益为"1"，选择"不加入"得到的利益为"0"。

B 工厂当然会选择"加入"，把"1"圈画起来。

所以，显然在这一博弈中存在"A 战斗 ×B 不加入"和"A 融合 ×B 加入"这两个纳什均衡。

本书已经介绍了协调博弈和"懦夫博弈"这两个博弈存在多个纳什均衡，并用这些博弈实际观察了存在多个纳什均衡的所有模式。可以看出，要想预测哪个均衡最后被选中还是很困难的。

但是，将这个加入博弈展开，就知道两个纳什均衡中的一个实际上几乎不会出现。你知道是哪个吗？

答案是"A 战斗 ×B 不加入"。

认真思考一下就会发现，这个纳什均衡呈现出的结构多少有些不正常。我们来详细验证一下吧（如图 5-4）。

B 工厂无论如何也想避免"加入后遭到 A 工厂的坚决抵抗"这一局面的出现。因为它是最糟的情形。为了避免这种情况，就会出现"B 工厂不加入"的情况。

但是，B 工厂加入时，A 工厂真的就会发起战斗吗？

109

决策顺序会给博弈带来重大影响

> 如果你加入进来，我方将坚决抵抗。

B工厂　　A工厂

→ 强调B工厂加入会给它带来的坏处，不让它加入进来

> 我加入了！

> 即使战斗也捞不到什么好处，还是融合吧。

B工厂 → A工厂

→ 既然B工厂决意加入，A工厂抵抗的好处就没有了，只好选择融合对策

由于时间的变化，最佳选择也会发生改变。

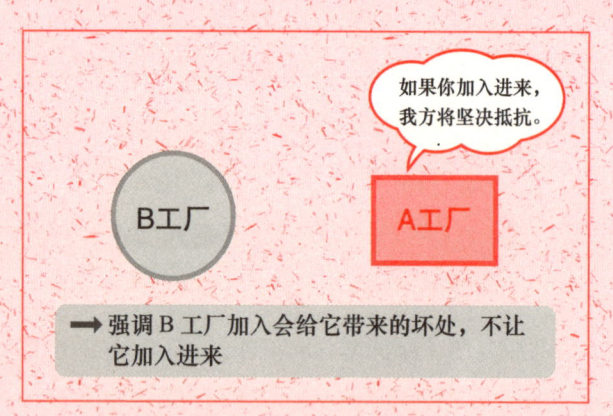

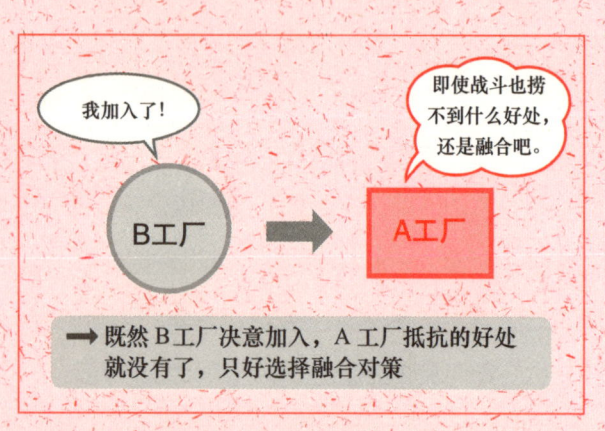

图 5-4

第五章　动态博弈　拓展"时间的视野"

B 工厂既然决意要"加入"，A 工厂发起战斗得到的利益为"-1"，融合为"+1"，所以，A 工厂理论上会选择"融合"。

也就是说，以 A 工厂发起"战斗"为前提进行的验证是没有意义的。

作为博弈的结构，A 工厂可能会对加入之前的 B 工厂发出威胁："你如果加入，我方将坚决抵抗。"同时强调："如果你加入，你不但得不到任何好处，还会让你遭受损失。"

但是，如果 B 工厂真的加入，A 工厂则会选择"融合"。

为什么会发生这样的事情呢？因为时间的流逝给决策顺序带来重大影响。

B 工厂在加入之前和之后，对于 A 工厂来说其最佳选项已经改变。

在有时间流逝的博弈里，经常出现最佳选项会随着时间的变化而改变的情况，会出现很多实际上不太正常的纳什均衡，为了做出正确的预测，我们必须排除那些不正常的纳什均衡。

用"逆推法"预想最佳行动

排除不正常的纳什均衡的方法被称为"逆推法"（backward induction，也称倒推法、逆向归纳法）。

乍一听，这个词给人一种很难懂的感觉，但实际上，它是一种很简单的方法。

所谓逆推法，是指从最后做出决策的那个人开始，按照从后往前的顺序选出最佳行动、排除并非最佳选项的方法。

在加入博弈里，B工厂最初做出"加入或不加入"的决策之后，A工厂决定"是战斗还是融合"。

利用逆推法，从最后做出决策的A工厂开始验证。

"战斗"的情况下得到的利益 → "−1"

"融合"的情况下得到的利益 → "1"

如果看到这一结果，就能很清楚地知道A工厂会做出什么样的决策，自然会选择"融合"。这样一来，"战斗"这一选项就被排除了。

再看B工厂的选择"加入或不加入"。因为已经预测到A工厂会选择"融合"，所以，B工厂的决策基准如下所示：

"加入"情况下得到的利益 → "1"

"不加入"情况下得到的利益 → "0"

结果，B工厂当然会选择"加入"。这样一来，"不加入"这一选项就被排除了。于是，仅剩下"A融合×B加入"。像这样将不可能被选择的选项逐个排除并预测可能出现的结果，就是逆推法。只要不把顺序搞错，就能排除不正常的纳什均衡，从而选出理想的纳什均衡。

实际上，只要对A工厂和B工厂的决策做出综合的判断，

用逆推法预测行动

从最后做出决策的人那里开始,按照由后往前的顺序选出最佳行动,将非最佳选项排除。

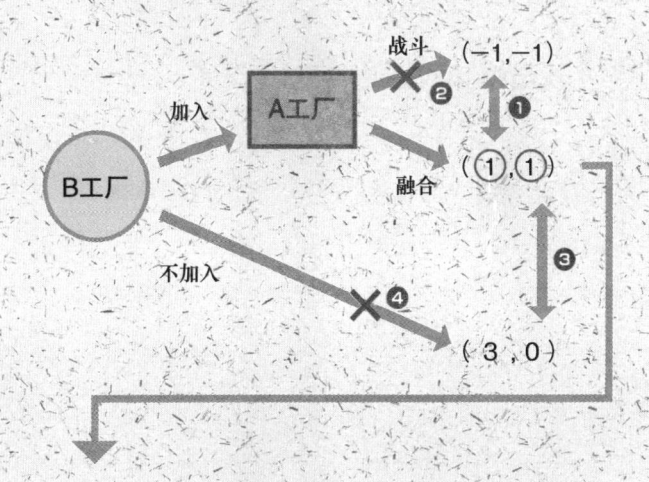

```
              战斗  (−1,−1)
         加入  ┌──┐  ✗❷    ↕❶
    B工厂 ───→│A工厂│
     ○   ──┐ └──┘  融合  (①,①)
              ↘
              
                          ↕❸
         不加入
            ↘  ✗❹
                   (3,0)
```

❶ 首先,对A工厂的两个决策选项进行比较
❷ "战斗"这一选项被排除
❸ 然后,对B工厂的两个决策选项进行比较
❹ "不加入"这一选项被排除

图 5-5

就会明白"B工厂加入，A工厂融合"这一行动是最有可能的选项。

像加入博弈这样，在有时间的流逝和决策的先后顺序的情况下，从后向前倒推，一边思考最佳选项，一边不断回溯的逆推法非常有效。

找出博弈的必胜方法

我来介绍另外一个简单的游戏，练习一下逆推法。

两个局中人从1开始轮番数数，谁最后一个数到"10"谁就输掉游戏。

一次能数出的数字不超过3个。如果A数出"1、2、3"，B就数出"4、5"，A再数"6"……

以前，电视节目里曾播出过"数到100就输"的游戏，基本上是相同结构的博弈。

这一游戏中有必胜的方法，你知道吗？

请用逆推法找找这一游戏的必胜方法吧。

让对方数出"10"是你的最终目标，因此，自己只要能够数出"9"即可。

数出"9"的模式有三种，即"7、8、9""8、9"和"9"。

也就是说，只要让对方数出"6"，自己就能够保证数出

第五章　动态博弈　拓展"时间的视野"

"9"。并且，要想让对方数出"6"，自己只要数出"5"即可。

自己怎么样才能数出"5"呢？

数出"5"的模式有三种，即"3、4、5""4、5"和"5"。也就是说，只要让对方数出"2"，自己就能够保证数出"5"。说到这里，你自然就找到了必胜的方法。

如果自己先数，就数"1"，对方如果数的是"2"，那你就已经稳操胜券了。即使是对方先数，如果对方不知道这一必胜方法，你就有相当大的概率取胜。

对方如果数出"1、2"，或者是"1、2、3"，那么，对方就已经与胜利无缘了。自己只要数出"3、4、5"或者"4、5"，胜利就在向你招手了。

只要是一对一的胜负对决，不管数字多大，必胜的方法都是一样的。把它当作逆推法的一个例子记在大脑中，或许以后会在什么场合用到呢。

由此可知，即使在这样一个小游戏中，博弈论的三个目标，即把握博弈的结构、预测将要出现的事情、找到切实的解决对策，都在有效地发挥作用。

🎯 思考时间上的非连贯性问题

像加入博弈那样，随着时间的流逝，最佳行动也会发生变化,经济学上将其称为"时间上的非连贯性"(time inconsistency)问题。

请回想一下在加入博弈中使用过的博弈树。

在 B 工厂加入之前,A 工厂的最佳行动是"战斗"。A 工厂实际上表现出"你如果加入进来,我方将抵抗到底"的强硬姿态。

但是,在 B 工厂加入之后,如果 A 工厂真的与 B 工厂展开竞争的话,自身也将遭受损失。也就是说,"融合"变成了 A 工厂的最佳行动。

正是由于时间上的不连贯性,A 工厂表现出的强硬姿态变成了"吓唬"。

吓唬对于不懂得加入博弈结构的人也许多少有一点效果,但是对于已经学过博弈论的我们来说根本没有用了。

尽管如此,在日常生活中,我们还是经常看到人们使用着并没有什么效果的"吓唬"。

日常生活中的"吓唬"

以下是家长管教孩子的场景。

孩子正在玩火。家长看到后,对孩子说:"下次再玩火就打你!"当家长再次看到孩子玩火时,当然很

第五章　动态博弈　拓展"时间的视野"

生气，但是看到孩子在哭泣还面带反省的样子，家长就想："打吗？孩子怪可怜的。"便只是口头警告一下，并没有打孩子。

这难道不是典型的吓唬吗？

打孩子对错与否另当别论，但采取这种吓唬的做法没有任何意义。

孩子只是知道了"即使玩火也不会挨打"这一事实，并没记住"不许玩火"。就像加入博弈的 B 工厂那样，即使 B 工厂没有往"如果能够加入，这块市场就归我们了"那方面想，但也没有从 A 工厂那里听到"加入"到底有多么危险。

在我的朋友里就有这样的人。

因为 5 岁的孩子没有遵守帮忙做家务的约定，就对孩子说"下次再违反约定，今后就永远不再给你买玩具了"。

这种说法无论如何都是不现实的。"永远不给买玩具"这一约定，过不了多长时间就会被家长打破，这就是典型的吓唬。

如果非得要管教孩子的话，就应该提出切实可行的惩罚规则，例如"如果你下次再违反约定，你今年的生日礼物就别指望了"。如果这样说的话，效果显然更好一些。

如果大家注意观察，依靠吓唬管教孩子最终失败的家长确实非常多。

当然，吓唬的问题绝对不只发生在家长与孩子之间。

也有老师常对学生们说"以后每周都有一次小考",想以此让学生们养成主动学习的好习惯。

但是,到了约定时间之后,老师并没有进行小考。

如果问那位老师:"为什么没考试呢?"老师还会理直气壮地说:"我真正的目的并不在于考试,而在于让学生养成学习的好习惯。"

这样做其实是没有意义的。如果把"考试"变成吓唬的话,学生们就不可能好好学习。

在职场中,尽管上司宣布"如果不遵守××,就要处以××的惩罚",但从来不实行的情形也是同样。

这样一来,部下会很扫兴,工作积极性也会下降。那些没有遵守纪律的人就会想:"原来不会被惩罚,运气真好啊!"那些遵守纪律的人就会有种"认真工作反而吃亏了"的感觉。

结果会导致公司上下弥漫着"领导说的话即使不遵守也没关系"的风气。

无论是家长管教孩子,还是经营者对员工强调规章制度,当初说出那些话的瞬间只是"吓唬一下"。

在管教孩子时,很多家长都会认真地想"好好惩罚一下,让孩子遵守纪律"。但实际上,在孩子没有遵守约定的时候,又没能给予惩罚。

这些都是时间的不连贯性问题。

我们通过学习博弈论,掌握了使用博弈树验证时间流逝的方法就应该将这一技巧活学活用，尽可能正确地设想如下的情形：

假如孩子再次玩火了，该怎么办？

假如员工再次不遵守纪律，该怎么办？

如果连应对这些情形的对策都没有想好就说一些草率的话，就真的变成简单的吓唬了。

如果能够把握博弈的结构并预测未来，就能找到正确的解决对策（妥当的惩罚或奖赏）。

守护价值的方法

时间的不连贯性会以各种各样的形式出现在我们的生活中。

在某个时期还是这个选项最佳，但在下一瞬间就变成另一个选项最好，由此而引发各种问题。

要想解决这些问题究竟应该怎样做呢？

有这样一种方法，即"创造一种不得不遵守约定的局面"（图5-6）。下面，我们一边介绍实际的例子，一边探寻解决的对策。

请你设想一下购买石版画（Lithograph）的情景。

石版画是版画的一种，如果保管好原版的话就能印刷无数

解决"时间上的不连贯性问题"

要点

创造一种不得不遵守约定的局面

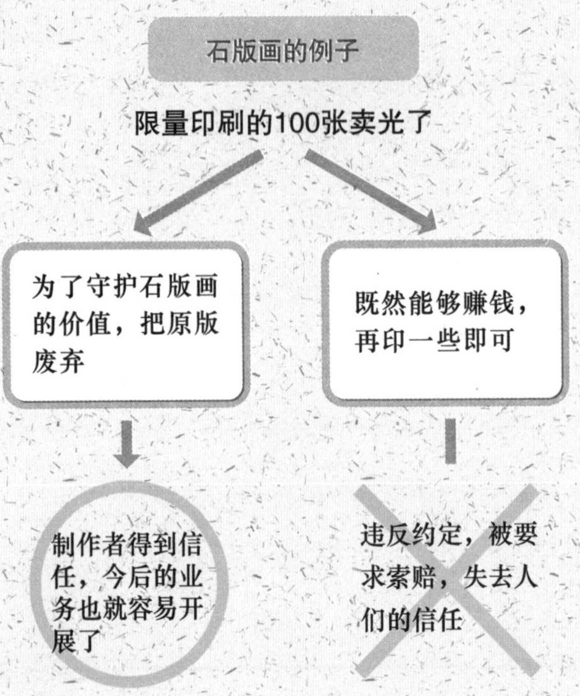

石版画的例子

限量印刷的100张卖光了

→ 为了守护石版画的价值,把原版废弃 ○ 制作者得到信任,今后的业务也就容易开展了

→ 既然能够赚钱,再印一些即可 × 违反约定,被要求索赔,失去人们的信任

图 5-6

第五章　动态博弈　拓展"时间的视野"

张石版画。但是，正如大多数美术作品那样，数量越少，价值越高。虽然说印刷多少张都没问题，但若无限制地批量印刷，石版画作为美术作品的价值就会受损。

因此，为了让石版画拥有更高的价值，通常情况下都采取限量印刷并加上序列号（serial number）再销售的方法。大家见过在作品的边角印着"25/100"这样的编号吧？这就意味着该幅石版画一共印了100张，这是其中的第25张。对于制作者来说，通过限量印刷的做法提高石版画的价格再销售是最佳选择。

但是，当100张石版画全部销售完后该怎么办呢？

既然还保留着原版，只要再增印就能得到相应的利益。这时，"限量100张以外，再增印一些"就成为制作者的最佳选择。

这就出现了典型的时间不连贯性问题。

这并不是"想赚钱只要增印就好"这样简单的问题。假如制作、销售超过了约定的100张，人们对制作者及销售商的信任就会一落千丈。最初购买的那些人就会提出索赔，并不再相信他们。

也就是说，如果不履行"绝对不再增印"这一约定的话，就不会有人再高价购买石版画了。

为了解决这一时间上的不连贯性问题，在石版画行业，印完限定张数之后，制作者就会将原版废弃。毁坏有艺术价值的

121

东西虽然会让人觉得有些可惜,但是,要想解决问题,这种毅然决然的对策还是非常有必要的。

是什么在支撑新技术的研发

从研发和专利的关系中也能看到时间上的不连贯性问题。举一个关于新药研发的例子。

由于新型流感的爆发,以往的药物难以对抗。于是,制药公司投入巨额研发费用,开发新疫苗。当然,他们会投入巨大的成本。但是,新药研发成功之后就能够以垄断形式采取垄断价格销售,可以得到丰厚的利润。

这种情况下,保障制药公司利润的是专利制度。

正因为制药公司的专利得到认可,他们才能够以高价销售药物,然后再从所得的利润中拿出一部分继续投入新的研发。

对于B型肝炎、艾滋病、癌症、白血病等疑难杂症,都有企业在研发能够根治它们的特效药。被病痛折磨的人们也都在期盼着研发早日成功。

但是,当特效药生产出来之后,又可能出现因价格过高,患者无法承担,因此不能接受新药治疗的问题。

如此一来,专利制度就在患者面前竖起了一道高高的壁垄。患者们都觉得这一制度只是在保护制药公司的利益而已。在专利制度的刺激下，制药公司成功研制生产出来的新药，却又陷入了矛盾的境地。

但是，如果新药研发成功而专利不被认可的话，又会引发重大问题，制药公司如果不能获得与巨额的研发成本相抵的利润，有可能就会破产。如果他们在研发之前就知道这一结果，那么，他们绝对不会研发新药。

"研发成功之后，就能得到专利权"，如果这一约定失去保障的话，就等同于吓唬，制药公司因此便不再开发新药。专利这种制度必须通过法律的形式确定下来，否则就不能发挥其应有的作用。

不只是新药，所有新产品和新技术的研发都要靠解决时间上的不连贯性问题来支撑。

很多人因"制药公司赚得太多了""新药太贵了"而反对专利制度，正是因为他们不知道，出现了时间上的不连贯性问题。专利制度并非是为制药公司而制定的。要知道，还有为数众多的患者在期盼着新药的成功开发呢。

着眼于长期利益

为了解决时间上的不连贯性问题，也可以考虑"构建长期关系"。事实上，这样的例子还有很多。请回想一下2008年爆发的次级抵押贷款危机。那时，评级公司得到了世人的关注。很多专家通过分析得出如下结论：由评级公司给予高分评估的证券，实际上是有高风险的商品，这导致金融危机不断加深。

评级公司从客户企业那里得到高额费用之后，才会为那家企业做出信用评估。

举个例子，如图5-7。

A公司想通过发行证券筹集资金。

但是，公众并不了解A公司，因此，没有人会买它发行的证券。于是，A公司便向评级公司B支付一笔钱，请B公司为自己公司的信用度做出评估。因为B公司已经得到公众的信任，如果有B公司给予保证，证券就有可能卖得出去。

由于B公司发布"A公司是一家安全的公司"的信息，因此A公司的证券得以顺利售出，成功地筹集到相当数目的资金。

以上清晰地表述了评级公司与客户企业的关系。

难道你没有发现哪里有问题吗？

好好思考一下，评级公司B从A公司那里拿到了钱，于是轻易做出"A公司安全"的评估。但是，由于"得到了钱就给高分的评估"，这样一来评级公司就失去了存在的意义。

这就与时间上的不连贯性问题大有关系。

评级公司如果重视与客户企业的关系，只着眼于短期利益

第五章 动态博弈 拓展"时间的视野"

着眼于长期利益——评级公司

```
A公司 ⇄ 评级公司B公司
    钱 →
    ← 高分评估
```

因为A公司是从B公司那里获得的高分评估,那就买A公司的证券吧。

↓

但是,A公司在从事不正当交易这一行为被揭发出来。

因为有B公司的高分评估才买的。

再也不能相信B公司了。

↓

B公司被短期利益诱惑,致使信用严重受损。正确的做法是着眼于长期利益。

图 5-7

125

的话，最好的选择自然是给出高分评估，这样双方都愉快。

但若获得高分评估的企业背地里进行了不正当的活动，成了一家"坏公司"，情况将会怎样呢？

那些因信任评级公司而购买了证券，签署了协议的人就再也不会信任这家评级公司。

对于评级公司来说，世人的信任是生命线。失去了信用，就失去了存在的价值。评估如果不再具有可信度，就不能够再作为人们购买证券、选择交易对象时的依据。也不会再有客户企业为了得到一纸毫无价值的评估而买单。

也就是说，评级公司必须着眼于其长期利益，对客户企业做出严格、公正的评估，以维持世人对它的信任。

这样，评级公司才能生存和发展。

再举一个身边的例子——进口高级轿车的销售店、高级品牌店采取的战略。

那些销售高级品牌商品的商店基本上都不打折。这到底是为什么呢？

有人会觉得与其把那些不再流行的商品放在仓库里，还不如便宜处理。与其扔掉，不如便宜一些卖出去，到时还能少花一点钱回收，这样做该多好。

但是，这其中隐藏着很深的陷阱。

如果高级商品被打折处理，消费者就会觉得，"再等等，还会有更便宜的"。于是，商品就再也卖不了原来的价格了。

因此，高级品牌商品一般不会打折销售。

只着眼于短期利益，就无法培育和保持品牌。确立长期的目标，持续采取一定的策略，才能够培育出真正的品牌。

重复博弈和触发策略

上文介绍了通过构建长期关系解决问题，下面就"重复博弈"进行说明。

通过重复进行同一博弈，思考一下博弈结构将会发生怎样的变化，会给局中人之间的关系带来怎样的影响。

请回想一下"囚徒困境"。两个囚徒都采取了背叛对方的行动，达到了纳什均衡的状态。但这一结果的前提是，这个博弈只进行一次就会结束。

假如将这一博弈永远重复下去，两人将会采取怎样的行动呢？还会像此前那样继续选择"招供"吗？或者说，他们会不会采取大不相同的行动呢？

众多的博弈论专家对此问题展开了深入研究。

通过研究，得到了如下结果：无论从理论来看还是从现实来看，两个囚徒都持续选择"沉默"这一局面是完全有可能出现的。

在同一局面反复出现的情况下，就能够选择对双方来说都是最佳的选项，从而摆脱困境。

试着思考一下，如果只是让博弈重复进行，那么支配整个博弈的结构将会出现怎样的变化呢？请看图5-8。

本来只进行一回的"囚徒困境"博弈，以各自背叛对方而结束。如果我方选择"沉默"，对方选择"招供"，只有我方自己吃亏。正因为如此，我方便不能选择沉默。

但是，在重复博弈中，就能够采取"对方如果背叛了我，我也会反击"的战略。

这就是要点所在。

对于这两人来说，最佳的选项是对方沉默，自己也沉默。虽然很清楚这一点，但是心中总是想着"假如对方背叛了我怎么办"，于是只好放弃最佳选项。这就是为什么被称为"困境"。

但是，如果采取"假如对方背叛了我，我就反击"的战略，一种紧张关系就出现了。"假如你背叛了我，今后我将让你吃不了兜着走"，这样互相威胁，就会出现奇妙的协调关系，这是重复博弈的明显特征。

如果是一次性的博弈，相互敌对的人之间就很有可能陷入困境，但是，如果面对重复博弈，他们就有可能构建起一种合作关系。

如果将多次重复的博弈当作大的博弈，由于紧张而建立起来的协调关系也能形成纳什均衡。

这一事实在博弈论专家那里被称为"无名氏定理"（Folk

回避"囚徒困境"

● 重复博弈

并非一次就结束,而是重复展开博弈。

"囚徒困境"中,"如果你背叛了我,我就反击"这一选择得以成立。

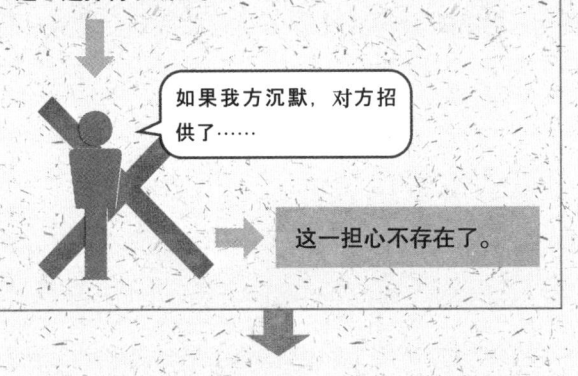

如果我方沉默,对方招供了……

这一担心不存在了。

互相之间都产生了"背叛是不划算的"的想法,所以,就出现两个囚徒互相都"沉默"的局面。

图 5-8

Theorem，也称佚名定理、大众定理）。在"囚徒困境"博弈重复进行时，协作关系得以维持，这恰好可以通过无名氏定理进行解释。

如果是短期关系的话，就很容易背叛对方。即使是这一情况，因为构建了长期关系，协调关系就可以得到很好的维持，这样的例子屡见不鲜。

同为竞争对手的企业之间通过缔结协定，维持"卡特尔关系"就是其中一例。

通过设立石油输出国组织（OPEC）来使大家遵守协定，正是这一作用得以发挥的结果。尽管伊朗、伊拉克、科威特、沙特阿拉伯等国家从政治上来看并非亲密关系，但他们也保持了合作关系，正是因为有了重复博弈的结构，"如果背叛我，我就反击"这一无声的压力在稳定地发挥着作用。

顺便提一下，通过以对方的行动来决定自己的行动这一做法被称为触发策略（Trigger strategy）。所谓触发，就是指"扳机"的意思。拉开了扳机的枪支就会互相对射，出现最糟糕的结局。重复博弈实际上维持了一种很奇妙的协调关系。

著名陶艺家才会采取的品牌战略

以前有一期电视台记者前往某著名陶艺家的制作现场进行

第五章　动态博弈　拓展"时间的视野"

采访的节目。

陶艺家小心翼翼地从窑里取出烧制好的作品，仔细检查，有一点儿不如意的地方，就会毫不犹豫地将其敲碎。

见到这一场景，采访记者发自内心地叹惜："真是可惜了。与其敲碎了还不如送给我。"

但是，如果从博弈论的角度来看，陶艺家的行动无疑是合乎道理的。

为什么呢？

陶艺家与高价购买他的作品的客户之间就如同进行着重复博弈。

陶艺家将不如意的作品敲碎，保证了作品的高品质。

建立在这种信任的基础上，客户宁可花高价购买陶艺作品。陶艺家就得到了"他烧制出来的全是高档艺术品"的美誉从而创造出自己的品牌，"××的作品"就具有了古董般的价值。

正因为有这种信任关系，客户才能够放心购买。

从短期聘用到长期聘用

自 2008 年爆发空前的金融危机以来，就业问题成为社会性问题。以制造业为中心，外派员工及短期聘用员工被大量解雇，这成为日本的重大问题。

经常听到有人批评"短期聘用只对企业有利而对劳动者不利"。

从一部分企业来看,这的确是不可否认的事实,但是,即使这些批评让企业被迫做出改变,也难以解决问题。如果想要促使企业推行长期聘用制度,我认为必须以给企业带来益处为中心提出令人信服的方案。

我曾经看过某个电视节目,节目里介绍了非常有趣的事例,我从中深受启发。那是一部关于一群成功开展森林再生事业的人的纪录片。

以往的植树造林行业采取的都是短期聘用制度,但是,那部纪录片的主人公却对此进行了彻底的革新,他几乎将所有的劳动力都聘为正式员工,一方面,他要背负巨大的经济风险,另一方面,也招致了周围人的反对。

但是,工作开展之后,员工们都积极主动地工作,也提出了各种各样的创意。无论从经济方面来看,还是从效率方面来看,都获得了更好的效果。这样,聘用方和被聘用方的博弈结构发生了重大变化,如图 5-9。

此前形成的短期聘用(仅此一回的博弈)关系中,聘用方和被聘用方没能构建起真正意义上的合作关系,两者都被短期聘用束缚了。

工人都想着"尽可能轻松舒适地工作,早点回家",聘用方只是绞尽脑汁地想"怎样才能把工资再压低一些"。

第五章 动态博弈：拓展"时间的视野"

从短期聘用（一次性的博弈）转向长期聘用

短期聘用

公司："赶上如此萧条的时代，只能通过增加外派员工渡过难关了。"

工人："外派吗？反正也不能永远留在公司里，外派就外派吧。" 工作干劲下降 ↓

长期聘用

公司："从今以后把大家都聘为正式员工，请大家努力工作！"

工人："成了正式员工了。真高兴啊。努力干好工作，自己也要为公司发展出谋划策。" 工作干劲高涨 ↑

图 5-9

在这种博弈结构中，双方之间利益对立，在工作中根本不可能朝着同一目标迈进。

因此，这要求必须改变聘用的办法（博弈的规则）。

如果变成长期聘用关系的话，工人们的想法就会转变成"公司如果赚钱的话，自己的未来也会充满光明"。

他们的工作积极性也会高涨，从而使业绩不断提升。

摒弃了以往的做法，森林事业长期存在的问题也得以解决。这一案例也令我深受启发。

当然，构建长期关系并不能解决所有问题。但是，在职场、教育、生活中，人与人之间的关系日渐淡漠，千万不要忽视重复博弈，它所具有的"长期关系"的结构能够给我们解决问题带来一定的启发。

即使从短期来看两者是对立关系，但将其重复展开就会变为协调关系，这样的博弈结构不胜枚举。通过这种协调关系，取得业绩不再困难重重。

我认为，想要达到学习博弈论的目的之一——"找到最佳决策"，认真思考"如何才能构建协调关系"也是一条重要途径。

你愿意与那些只为自己的利益着想、一有好处就想抢在前面的人共事吗？你肯定更想与那些办事靠谱的人共事吧？这难道不是多数人的共同想法吗？

在博弈论的专家中，也有人单纯地将博弈论视为"抢在对

第五章　动态博弈　拓展"时间的视野"

手前面的技能"。

但是，我坚信，如果光学习那种技能，是不可能在商业活动中取得真正成功的。

实际上，很多经济学家都将"企业内部的长期聘用关系及企业之间的长期协作关系"视为日本经济快速发展主要原因之一。"安心地为公司工作""出于信任把工作交给员工""即使没签很多协议也相信交易伙伴能够经营得很好"等，日本拥有许多令世人自豪的优秀企业文化。

这种文化在支撑着这个国家的产业（至少是其中的一部分）发展，这点是无疑的。

很好地继承先人留给我们的宝贵的文化遗产，探寻出一条共存共荣之路，这难道不是生活在现代社会的我们的重要使命吗？

第六章
情感+博弈论

博弈：所有问题都是一场赛局

为什么有些人不能"理性"行事

本书在讲解博弈论的同时对"把握博弈的结构""预测将要出现的事情""找到切实的解决对策"这几个部分进行了验证。

此前介绍的所有事例都是建立在某个共同的前提条件之上的。那就是"局中人只考虑自己的利益并采取了狡猾的行动"。

例如在"囚徒困境"中出现的局中人，正是由于总想守住自己的利益而陷入了困境。无论是协调博弈，还是重复博弈，其根源都是"只考虑自己的利益"的想法。

经济学家将这些人称为"理性的主体"，将这一前提条件称为"理性假定"。

基于理性假定的博弈论厘清了各种各样的经济、社会问题的机制，并解决了其中的大部分问题。

但是，随着博弈论的发展、应用范围的扩大，出现了许多仅靠理性不能解释的现象。

最终，博弈论的专家们终于在某一个观点上达成了一致。那就是，人未必都是只考虑"自己的利益"并采取自私的行动。

因此，为了博弈论的发展，在本章，我想对非理性的人的行动进行考察，针对不理性的行动给出科学的解释。这在某种程度上来说是非常困难的事情。如果用极端一点的说法，那就是想要从理论上将不合情理的行动解释清楚。

但是，这一尝试具有非常重大的意义，因为我们在不知不觉中采取了损害自己利益的行动。

在最后一章，我想对这一不合情理的行为进行探究。我认为，深入思考"为什么有些人采取了那样不合情理的行动"，也是无比快乐的工作。

人不能有"先见之明"吗

下面介绍"蜈蚣博弈"（该博弈模型排列起来像蜈蚣，故而得名），如图6-1。

父母手里有100枚面额为100日元的硬币，共计1万日元。

父母想把这些钱分配给局中人A和B，但是要以如下的规则进行分配。

首先，父母在A的面前放置一枚100日元的硬币。

在这个时间点，A能够选择"停止"或"继续"。

假如A选择了"停止"，那么游戏就宣告结束。A到手100日元，B什么也没得到。

假如A选择"继续"，父母就将A得到的100日元拿走，再加上手头的100日元，把共计200日元放在B的面前。

博弈：所有问题都是一场赛局

理性的行动——"蜈蚣博弈"

父母
A
100日元
B

停止
（得到100日元）

继续
（100日元被拿走）

↓

A
父母
B
200日元

继续
（手里只剩100日元）

停止
（得到200日元）

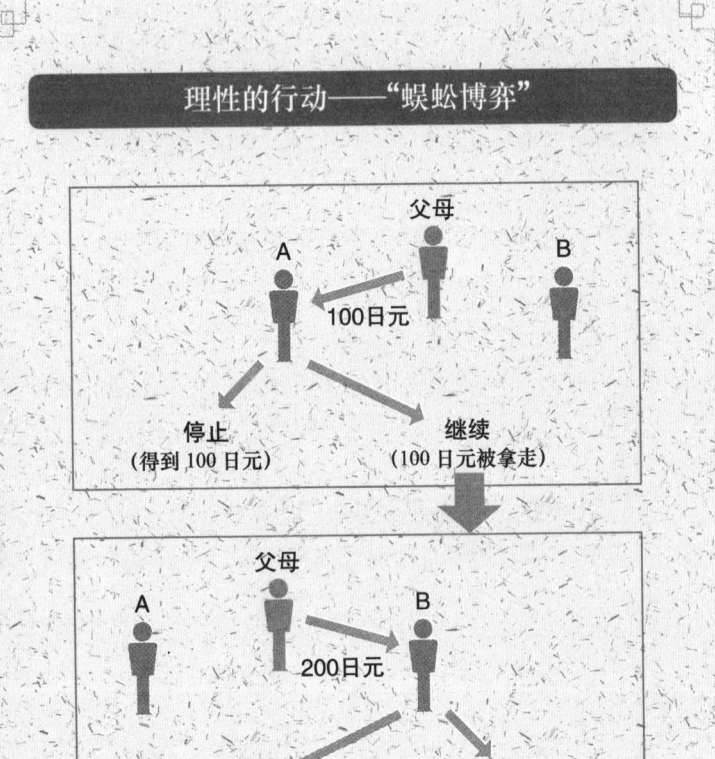

选择"继续"的局中人会失去100日元，这100日元再加上父母拿出的100日元会被一起放在对方的面前。

图 6-1

同样，B 也能够选择"停止"或"继续"。

如果 B 选择了"停止"，游戏宣告结束。

但是，如果 B 选择了"继续"，B 面前的 200 日元中的 100 日元就被父母拿走，再新加一枚 100 日元硬币，共计 200 日元放在 A 的面前。

选择"继续"的局中人每次都会失去 100 日元，这 100 日元再加上父母手头的 100 日元共计 200 日元，会被放在对方的面前。

除非有谁说"停止"，或者父母手头的硬币没有了，否则，游戏一直持续。

这种博弈的结构是，只要对方选择"继续"，自己就会不断得到利益。但是，如果下次对方选择了"停止"，自己会受到一定的损失。

下面来思考一下这一博弈可能出现的结果：

第一次，A 选择"停止"→ A 100 日元　B 0 日元

第二次，B 选择"停止"→ A 0 日元　　B 200 日元

第三次，A 选择"停止"→ A 200 日元　B 100 日元

第四次，B 选择"停止"→ A 100 日元　B 300 日元

第五次，A 选择"停止"→ A 300 日元　B 200 日元

第六次，B 选择"停止"→ A 200 日元　B 400 日元

第七次，A 选择"停止"→ A 400 日元　B 300 日元

如果游戏进行到最后，结果就是 A 得到 4900 日元，B 得

> **博弈**：所有问题都是一场赛局

到 5100 日元。

用此前学到的博弈论知识预测一下这一博弈的结果吧。

这是展开型博弈，所以，使用逆推法更能得到准确的预测结果。

这一博弈最后做出选择的是 A。

这时，A 的手里就有 50 枚 100 日元的硬币，B 的手里有 49 枚。

如果 A 选择了"继续"，100 日元被拿走，那就变成"A 4900 日元，B 5100 日元"，游戏结束。

于是，最后做选择的 A 应该选择"停止"。

请思考一下做最后选择之前的（A 为倒数第一次，B 为倒数第二次）B 的行动。

在 B 做出选择的时候，他的手里有 50 枚 100 日元的硬币，A 的手里有 48 枚。

假如 B 选择了"继续"，100 日元被拿走，就成了"A 5000 日元，B 4900 日元"。

紧接着，如果 A 选择"继续"，B 就会得到"5100 日元"。但是，如前所述，下一次，A 很有可能选择"停止"。

所以，B 如果保持理性的话，在倒数第二次时就应该选择"停止"。

知道对方很可能选择"停止"，那么，在对方之前停止的获益最大。

因此，用逆推法预测的结果是"在最后一次，A 会选择'停止'"。在"局中人能够狡猾地揣摩并采取行动"这一前提条件下,这一结果也是最妥当的。但是,从实际的实验来看,没有人一开始就选择"停止",大家都选择"继续",在进展到某种程度之后以某人选择"停止"而宣告结束。

用逆推法预测并不能准确地解释现实中人们的行动。

为什么呢?

可能这是因为人难有先见之明。

在实验中,其中一方喊"停"而游戏结束时,另一方会目瞪口呆好久。他沉思一会儿之后才明白,从最初他就无法预测到游戏的结果。

加价式公开叫价拍卖

下面再介绍另外一个博弈——加价式公开叫价拍卖（escalation auction）的博弈。

与一般性的拍卖不同,这种拍卖的规则是竞拍到手之人前面的那位竞价的人所喊出的钱都要被拿走。

商品在1000日元被竞拍到手的情况下,如果有在那之前喊出900日元的人,那么他不但竞拍不到商品,还必须交出900日元。

在这一规则下举办的"100日元"商品的拍卖会将会出现

博弈：所有问题都是一场赛局

怎样的局面呢？

当然，开始是从 1 日元起拍。于是，就陆续有人喊出 2 日元、3 日元……

从这里就可以看出加价式公开叫价拍卖的有趣甚或是可怕之处。

在 99 日元之前如果有人喊出 98 日元，那么，这个人就损失了 98 日元。于是，他干脆喊出 100 日元，他考虑到这样至少可以不赔不赚。

但是，如果保持沉默的话，那个喊出 99 日元的人就会遭受全额损失。于是，喊 99 日元的人一不做二不休直接喊出 101 日元，采取了宁可把损失减少到 1 日元的作战方法。他想，与其沉默之后被拿走 99 日元，不如用 101 日元买走 100 日元的商品更划算。

这样一来二去，拍卖会就演变成了互相伤害的"赌气会"。

为了减少自己的损失，而互相之间抬高对方损失数额，这种做法在周围观看的人看来可能觉得很好笑，但对于当事人来说这实在是非常棘手的博弈结构。

那么，如果是有先见之明的理性的局中人，在这一博弈中应该采取何种行动呢？

可以考虑的选项有两个。

一个选项是一开始就喊出 99 日元，将 1 日元的利益直接赚到手，同时也打消了周围的人的参与意愿；另一个选项是完全不参与博弈。

当你喊出比 99 日元低的价格后，如果有人喊出了更高的价格，那么你就会被卷入互相伤害的争斗之中。反正也参与了，如果不喊出 99 日元，就失去了参与的意义了。

但是，这一方法也并非完美无缺。

如果你的运气很差，遇到完全不理解局面的人，冷不防喊出了 100 日元，你还是会被拖入无休止的悲惨"角逐"之中。

如果想要避免风险，就应该从最初就打消念头，不参与这种博弈。

这才是那些具有先见之明的理性的局中人的心里话。

当被问到"这一博弈有没有肯定能够获取利益的方法"之时，能够立刻给出"不参与"回答的人头脑都相当机敏。普通的人都只能预见"在适度的时候就停止"。

将加价式公开叫价拍卖对照博弈论的三个目标看一下，如下所示：

① 把握博弈的结构 → 无论谁参与都会受损（获得利益的人并不存在）。

② 预测将要发生的事情 → 角逐到最后的两个人中会有一人拿到商品（100 日元），但双方支付的金额都会超过 100 日元。

③ 找到解决对策 → 从最初就不参加。

博弈：所有问题都是一场赛局

为筹集资金而四处奔走的选举战

选举战与上述加价式公开叫价拍卖的博弈结构颇为相似，请看图6-2。

两位候选人围绕一个岗位展开角逐的时候，两人为筹集到更多的资金而展开异常激烈的选举战。

当然，选举结果并非只由筹集到的资金的多少来决定。但是，在选民的支持难分伯仲的情况下，两位候选人谁筹集到的资金越多，谁胜出的可能性越大，这也是无可争议的事实。

我觉得，美国的选举中，这种倾向特别明显。在总统选举结束后，媒体同时公布了每位候选人筹集到的资金总额。

这就是所谓的"如果想取胜，就去筹集更多的资金吧"。

但是，如果选举失败了，那么他筹集到的资金也就白费了。与加价式公开叫价拍卖中倒数第二位同属一个状态，都是付出了令人吃惊的数字，但最终败北。

即使仅从经济方面来考虑，取胜的念头越强烈，竞争也就越激烈。如果对方出1亿日元，自己的阵营就会出1.2亿日元。知道这一情况的对方又会出1.5亿日元，这样一来，投入的资金越来越多。

即使资金已经高得离谱，但是，"不认输"的强烈心理已经融入博弈里，想停也停不了了。

愈演愈烈的美国选举战

候选人A
选举资金：1.2亿日元

候选人B
选举资金：1亿日元

不能输给候选人A，要筹集更多的资金。

↓ ↓

选举资金：1.2亿日元
不能输给B，要筹集更多的资金。

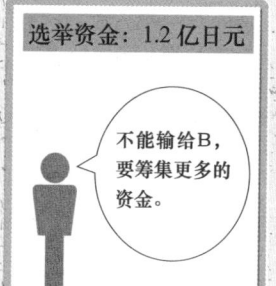

选举资金：1.5亿日元
只要筹集到如此多的资金，应该能胜出吧！

"绝对不能输掉"这一心理已经夺走了他们的理性

图 6-2

博弈：所有问题都是一场赛局

"泡沫"的发生

一说起资金不断膨胀，大家的脑海里有没有浮现出"泡沫经济"这一概念呢？2008 年爆发的那场空前的金融危机仍然让人心有余悸，基本可以说，泡沫破灭就是爆发的主要原因，人类并非初次尝到泡沫破灭带来的苦果。

泡沫究竟是怎样产生的呢？

关于泡沫的产生，学者们开展了各种各样的研究。诸多因素互相牵连，不能武断地归因于单纯的某一个因素。

不过，"人并非都有先见之明"也是导致泡沫发生的原因之一。以往，学者们都认为，所谓泡沫，是人们过度追求"没有终点的资产"而引发的。所谓"没有终点的资产"是指价格没有上限，或者对资产价值没有设定期限等的资产，这些资产无论到何时，到达何种程度，都有持续上涨的可能。

但是，诺贝尔经济学奖得主弗农·史密斯（Vernon Smith，1927 年— ）的实验推翻了这一定论。他通过设定了一个理论上不可能产生泡沫的实验环境，来验证泡沫是否会产生。

简单来说，就是这样的实验：

创造一个买卖"15 个期间的有期限的证券"的实验性市场。

假设一个期间为一年，15 年间每年都会分到红利。红利金

第六章　情感+博弈论

额每年都会变动，过了期限，资产的价值就变为零。

从理论上来说，这一资产的价值会逐年下跌。随着领取红利的次数的减少，资产的魅力会逐渐丧失。

弗农·史密斯把学生当作被实验者开展实验，在买卖开始之后的5年期间，价格却持续异常地上升，出现了多次泡沫现象。

这一实验证明，即使是"有终点的资产"也会导致泡沫的发生。实验结果给金融界带来了冲击。

有先见之明的人就会清楚，因为有15期这一期限，所以，价格早晚会下跌，最终变为零。最后持有这一资产的人会遭受损失。但是，实际上确实存在着高价持有资产的人。

其中一个原因是"在市场里，不知道合理价值的人实在太多了"。所以，股市"小白"可要当心了。

金融学领域的专家们的基本方法是"以今后可以预想到的利润为基准计算资产的价值"。与利用这一方法算出的金额相比，"如果低，就买进"，"如果高，就卖出"。"今后可以预想到的利润"就是判断的基准。

这个想法虽然听上去理所当然，但其中隐含着深刻的哲理。那就是"现在显示出的价格未必是资产的合理价格"。

所谓"现在的价格"，只不过是相对于资产的价格而进行判断的参考数值。连这个都不知道就进入证券市场的人需要当心了。

149

博弈：所有问题都是一场赛局

如果朋友带来一个你从来没有听说过的品牌的包，问你："这是我昨天刚花 100 万日元购买的，90 万日元你买不买？"我想，恐怕不会有人立即买下吧。买之前至少要了解一下那个包到底值多少钱。

人会被趋势所骗

因为不知道资产的合理价值，也就无法说明"泡沫是怎么产生的"。认真思考一下"怎样预测未来"吧。

人在预测未来的时候，都会从过去的变化中发现趋势，并认为这种趋势会持续下去。

即使是弗农·史密斯所做的实验，也说明泡沫并非必然会产生。

在对泡沫已产生的情形与没产生的情形做比较时就会发现，在泡沫已产生的情形的初期阶段就已经形成了"价格上升的趋势"。

虽然是偶然发生的现象，但是，总有人将这一变化误认为是"趋势"或者是佐证，并认定今后还将持续下去。

当然，这一预想是完全错误的。因为股票是期间已被限定的商品，其价值理应逐渐下跌并最后变成零。

并非只有普通人容易犯这样的错误，实际上，就连经济方面的专家也会犯同样的错误。

2008年夏天，原油价格高涨，有很多经济学家都做出如下预测：到该年年底"1桶原油将会达到200美元"。

这一预想也是被趋势左右的结果。的确，如果将短期的原油价格的变动趋势延伸下去的话，年底极有可能达到"1桶原油200美元"。

但是，原油价格绝非仅靠趋势决定。如果能够冷静地看到影响原油价格的各种因素，以及此后的世界局势，就会得出"现在的原油价格绝非正常，过不了多久就会下跌"的预测。

但令人遗憾的是，许多专家只看到了趋势，就给出了"1桶原油200美元"的预测。

连专家都是如此，更何况普通的投资者呢。

即使以后经济学家的研究继续深入，泡沫恐怕也不能完全从世界经济中消失。不过，从个人层次来看，我们可以采取一些免受泡沫冲击的对策。

首先要着眼于长远、冷静地分析未来。

虽然大家不一定会进行金融投资，但是，假如投资的话，必须要看清专家的预测及实际的价格变动是不是短期的。如果只是短期的变动，你却把它误认为是整个的博弈结构，那也许会蒙受重大损失。

在金融市场里，博弈论虽然能够发挥重要作用，但是，也要牢记并非所有人都能预测未来。

博弈：所有问题都是一场赛局

不要被操控趋势的伎俩蒙蔽

如果企业将人们常常被趋势所欺骗这一缺点恶意利用，就能够合法地促成泡沫。

请思考以下情形。

某家企业的利润为 1000 万日元，以每股 100 日元进行交易。第二年，该企业的利润达到 5000 万日元，股价变成了 500 日元。

在此后的 5 年期间，企业的利润稳定在 5000 万日元，股价也没有出现变动，仍为 500 日元。

从该企业的情况来看，500 日元这一股价无论怎样分析都好像很合理。如果比 500 日元还便宜的话就可以买进，如果高出这一价格的话就应该卖出。理论上，这样的选择是妥当的。

但是，企业的利润也是可以操控的。企业原本没有赚钱，却利用财务决算报告蒙骗人们，这种做法被视为做假账，会受到严厉的法律追究，但是，把利润做少却并非难事。

通过如此合法的操控，该企业的利润就变成如下的样子：

第一年的利润为 1000 万日元。

第二年的利润为 2000 万日元。

第三年的利润为 3000 万日元。

第四年的利润为 4000 万日元。

第五年的利润为 5000 万日元。

本来是一年就已经实现的 5000 万日元的利润，变成了在 5 年的时间里逐年上升，请看图 6-3。

那么，这将给该企业的股价带来怎样的变化呢？股价可能大大超过 500 日元，甚至达到 800 ~ 1000 日元。

但是，人们都被两个趋势欺骗了。

第一个趋势是"利润的趋势"。人们把企业"做出来"的利润趋势错误地看成企业的发展趋势了。

根据这一趋势进行分析，"第六年以后利润还会持续增加"的预想就能成立。前 5 年，利润处于稳定上升的局面，于是，这一预想逐渐为人们确信，这样股价就会上升。

从这里开始，问题就出现了。

实际上，分析企业的利润并决定是否对其投资，从某种程度来说需要水平相当高的投资者考虑。大多数的普通投资者基本上不太关注企业的利润。他们更关注的不是企业的利润，而是股价。

第 6 年以后，企业的发展停滞不前，利润维持在 5000 万日元的水平上。

也就是说，"利润将继续上升"这一预测落空了，如果真是这样，股价理应自这个时点开始下跌。但是，在现实的股票市场却大不相同。第 6 年以后，股价还在持续上升。

人被趋势欺骗

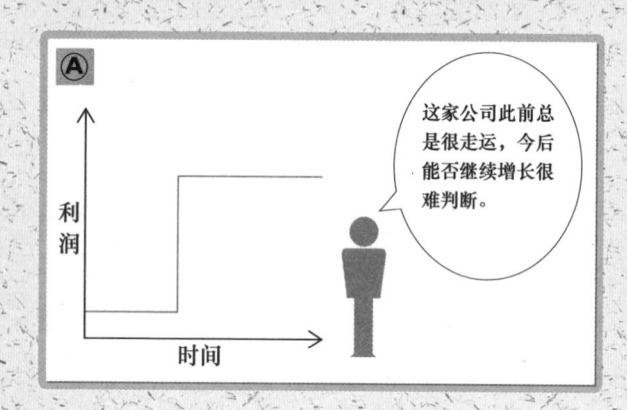

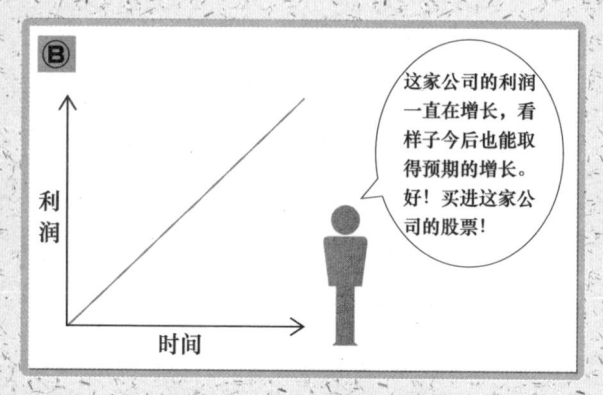

Ⓐ

（图：利润 / 时间，阶梯状上升）

这家公司此前总是很走运，今后能否继续增长很难判断。

Ⓑ

（图：利润 / 时间，直线上升）

这家公司的利润一直在增长，看样子今后也能取得预期的增长。好！买进这家公司的股票！

实际上，即使利润呈现Ⓐ那样的状态，也可以让人看出是Ⓑ那样，从而让企业达到操控股价的目的。

图 6-3

第六章　情感+博弈论

其理由正在于第二个趋势，即"股价的趋势"。

在这5年间，股价稳定上升，已经形成了趋势。相当多的普通投资者都会被这一股价趋势所欺骗。

他们想着，"股价在5年里都持续上升了，所以今后也肯定会上升"，进而再以更高的价格进行交易。他们没有发觉，股价已经明显超过合理价位了。

普通投资者不知道合理价位，也不知道自己正在犯的错误，不断以高价买进股票。这又助长了股价的趋势，让这一趋势发展成更大的旋涡。而这正是泡沫经济。

在此，我想强调的是要考虑到别人可能也没有先见之明，不要盲目从众。

即使你正确理解了博弈的结构，如果只是盲目从众，也会招致重大损失。无论那些与你一起买卖股票的人是外行还是专家，在买卖股票时都存在不同程度的风险。

无论是在美国发生的次级抵押贷款危机，还是20世纪80年代在日本出现的泡沫，抑或是突然之间集聚了世界财富的迪拜的经济，基本都受到了这一问题的影响。

在预测未来、探寻问题的解决对策之时，必须要考虑到别人可能也没有先见之明，不要盲目从众。

博弈：所有问题都是一场赛局

人并非只追求金钱

下面，我想谈谈"人并非仅追求金钱而采取行动"这个主题。

在经济学里，专家、学者一直是以"人为了追求金钱的价值而行动"为前提展开研究的，因为那是经济活动的基础。

虽说如此，最近，经济学领域也越来越关注"不以金钱为目的的行动"。世界各国的经济学家们逐渐接受这一事实，并进行了相关研究。

使用"最后通牒博弈"验证一下人的行动。

在这一博弈中，各个局中人会采取怎样的行动呢？

首先，假设大家都只单纯追求金钱。

分配钱款的人采用什么样的分法都可以。给对方分配的数额即使只有1日元，理论上，对方也会接受。因为对方如果拒绝的话，就得不到任何利益。

于是，"理性的"分配方法就成了"自己999日元，对方1日元"。

但是，通过让学生们体验这一博弈，我们发现，无论是提出提案的一方还是接受提案的一方都采取了与原来的预测相反的行动。

在提出提案的一方中，有相当多的人都将接近一半的数额分配给了对方，令对方拿到的数额"低于100日元"的人反而成了少数派。

能看出真正的"理性"的"最后通牒博弈"

两个局中人分1000日元。由一方决定分配的方法，另一方只能选择"接受"或"拒绝"。如果接受的话就能得到与分配方案相同的数额，如果拒绝的话，两人就什么也得不到。这种博弈仅此一次。

假如，人是理性的

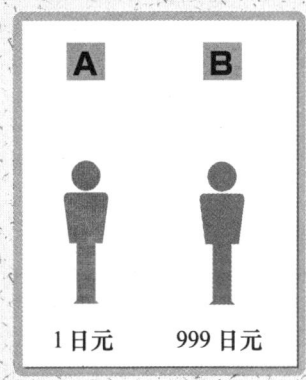

A只能从"接受1日元"或"1日元也不接受"这两个选项中任选其一，所以，如果理性地思考一下，A就会选择前者。

A　　　B

1日元　　999日元

实际上：

- 在提出提案一方中，很多人把接近一半的数额分给了对方。
- 在接受提案的一方中，很多人连2日元以上的提案都拒绝了。

图 6-4

接受提案的一方采取的行动更是出乎预料，很多人连 2 日元以上的提案都拒绝了。

如果理性地分析博弈的结构的话，其实能分到 100 日元，就算对方慈悲了。但实际上，就连这一提案都有很多人拒绝。

虽然与理论大相径庭，但是，试想一下，假如让你作为提出提案的一方，应该也会给对方拿出一定程度的数额吧。

看到这一结果，经济学家们做出预想："分给对方一定的数额，是不是因为考虑到对方会生气从而拒绝提案呢？"

说起来好像的确是这么回事儿。如果把对方惹怒了的话，交涉就会破裂，自己应该得到的那一份也没有了。为了不把对方惹怒，慎重处理事情的确非常重要。

为了验证这一假说，我们来展开"独裁者博弈"。

两个局中人分 1000 日元。

一方决定分配方法，另外一方只能接受。

博弈内容仅此而已。很简单，一方决定分配方法，把他决定的数额交给对方即可。

对于决定分配方案的一方来说，没有必要考虑对方的情绪，甚至可以不给对方拒绝的权利，自己的决定对方必须绝对服从。这就是独裁者博弈。

那么，在这一博弈中，各局中人会采取怎样的行动呢？

通过实验得知，有很多人都把一定程度的数额给予了对方。他们并非出于"为了不让对方生气以保护自己的利益"的考虑，而是被感情方面的因素左右了。

人类大都会因"与对方合作""让对方高兴"或者"得到认可"等行为而感到愉悦。有时候，它甚至比金钱更重要。

说起"人心"，也许有些人将它视为经济领域的异质而不接受。但是，实际上，人的感情及精神方面的满足程度也会给经济活动带来重大影响。

学习 3M 的创新战略

大家知道有家名为"3M"（全称 Minnesota Mining and Manufacturing，明尼苏达矿务及制造业公司）的美国公司吧？该公司在许多国家（地区）都设立了生产及销售网点，在日本，它与住友电气工业共同设立了"住友 3M"以开展经营活动。经营业务主要以化工类产品为中心，还包括文具、电器、医疗设备、建筑材料、汽车零部件等，是一家综合性的跨国公司。

该公司非常重视技术创新。为了做好技术创新，从业人员必须思想活跃，但是，更重要的是保持积极的精神状态。因此，该公司积极营造有助于员工积极投入工作的环境。

调查之后，我不由得感到吃惊。与金钱方面的报酬相比，该公司更加注重推行提高心理方面的满足程度的制度，例如，"在公司内，对业绩优秀的员工予以表彰""给予他们很高的荣誉"等。

这家公司通过这些做法使员工鼓足干劲，提升公司的业绩。与金钱相比，员工更加重视精神方面的满足程度。

不只是3M公司，越来越多的公司通过其他奖励提高员工的积极主动性。

泡沫破灭之后，很多日本企业都引入了美国式的商业模式，于是，个人主义、成果主义等理念在日本企业中迅速蔓延。

假如人都是以金钱为目的而工作的话，成果主义无疑能够大幅调动人们的积极性和主动性。但是，引入了成果主义的企业中多数都出现了各种各样的问题。员工由于心理压力过大而自杀、劳累过度而死，公司留不住优秀员工，工作氛围死气沉沉，等等，这些问题直接导致了生产效率的降低。

成果主义的失败告诉我们"人并非只追求金钱"。

"与别人合作，顺利完成任务""让客户感到愉悦""在公司中得到重视"等，我们在工作的同时，也会收获各种各样的喜悦。钱虽然也非常重要，但是与其只靠金钱来刺激人们，不如认可人们的价值，这样才能更有效地调动他们的积极性和主动性。

人在追求什么？为何而感到喜悦？

找到这两个问题的答案，才是在把握博弈的结构时的重要方法。

社会贡献基金为什么受欢迎

在以前的经济学中,"捐赠"是不能被当作分析对象的。所谓捐赠,是指被排除在以往经济活动的模式之外的行为。

如果用以往那种经济活动模式来说,利用别人的捐赠而生产出来的设备、设施为自己谋利,才更加合乎道理。

但实际上,不能将捐赠这一行为完全排除在经济学之外。

为什么呢?其实,现实生活中已经有很多利用人们乐善好施的心理而展开的经济活动了。其中的一个例子就是社会贡献基金。

所谓基金,简而言之就是指出于运用的目的而筹集到的资金。具体来说是指,把从投资者那里筹集到的资金投向某个企业或团体,再将得到的利润分配给投资者。

在这一架构之中,社会贡献基金把资金运用对象限定于为社会做贡献的企业、团体。

基金原本就是要将资金用于能够赚钱的活动,而社会贡献基金对运用对象设置了"为社会做贡献"这一前提条件。与不附带任何条件地选择投资对象相比,收益理应会减少。但是,近年来,社会贡献基金开始受到人们的欢迎。

这到底是为什么呢?

我们来分析一下,从中可以感受到投资者们各种各样的心理。

投资者的其中一个心理是"反正是要用这些钱，还是为社会做点贡献的好"。拿原本用来捐赠的钱进行投资，如果能赚到钱自然更好，赚不到也无大碍。

另外还有一个原因是"不想被人们认为失败"这一心理在作怪。

大家能够理解这种情感吧？有时，比起投资失败这一事实，更伤自尊的是被别人认为自己投资失败了。

能克服这一心理的就是社会贡献基金。

人们会觉得，原本就类似于捐赠，假如真的出现了损失，也会说"本来就是为社会做出贡献而拿出的钱，利润什么的都是次要的"。而如果成功的话，就可以说"即使是社会贡献基金这样的高风险商品我都能如此好运啊"。

明白了投资者这种心理之后，也许有些人会感到"有钱人的想法就是不可思议"。但是，绝对不要认为他们另类，我认为，很多日本人都属于这一类型。

不仅限于金钱方面，其实，与失败本身相比，大家更不愿意被周围的人认为失败。

社会贡献基金的形式正好与日本人的这种心理契合。

抛弃以往的想法，重新思考一下"人是如何行动的"以及"应当把价值置于什么样的事情之上"吧！

后 记

本书教大家用博弈论的思考方法解决身边的问题。

通过本书,我最想向大家强调的是博弈论独特的思考方法。其中,我认为比较重要的是**俯瞰式思考、着眼于未来、理解他人**这三个视点。

我们不仅站在自己的立场上,还要站在他人的立场上掌握问题的全貌。俯瞰式思考是博弈论思考的最大特点。

但是,要想解决实际问题,只靠俯瞰式思考还是不够的,因问题的拖延及无法预知而引发失败,没能建立长期协调关系而无法从困境中脱身,因视野狭窄而引发的问题数不胜数。因此,以长期视角思考解决问题的方法是非常必要的。

请记住,要考虑别人的心情和感情。即使站在对方的立场思考行动的理由,但如果不试着理解他的心情和感情,就不能看到问题的本质。在人际关系淡漠的现代社会,大家都明白,理解他人是多么困难的事情。我认为,理解他人是解决现代社会问题的关键。

日本社会已经失去活力很久了。但是，我坚信，那只是社会的齿轮跑偏了而已，这个局面是可以改善的。

要想从这一状态中摆脱出来，我们必须自己决定应该朝着哪个方向努力，制定新的规则，大家步调一致朝着好的方向努力。

只靠一个人行动是无法达到令人满意的结果的。众多的人集合在一起就会形成大的趋势。

我从心底期盼，博弈论将成为解决重大社会问题的好方法。

在攻读研究生学位时，我非常幸运能够得到日本博弈论研究领域的权威——松井彰彦先生、神取道宏先生、松岛齐先生的指导。在博弈论研究会上研究生们之间的讨论也让我受益颇多。

本书整理、介绍了我在攻读研究生学位时期学到的知识。在本书的最后，向给予我诸多关照的老师和同学们表示真心的感谢。

在本书执笔写作过程中，饭田哲也先生曾给出诸多建议，在本书出版过程中，中经出版社的中村明博先生也曾给予关照。在此，我对他们深表感谢。